Bogosluženje
u duhu i istini

Duhovno bogosluženje

Dr. Džerok Li

*„Ali ide vrijeme, i već je nastalo,
kad će se pravi bogomoljci moliti
Ocu duhom i istinom,
jer Otac hoće takve bogomoljce.
Bog je Duh; i koji Mu se mole,
duhom i istinom treba da se mole."
(Jevanđelje po Jovanu 4:23-24)*

Bogosluženje u duhu i istini od dr. Džeroka Lija
Objavile Urim knjige (Predstavnik: Johnny. H. Kim)
235-3, Guro-dong3, Guro-gu, Seul, Koreja
www.urimbooks.com

Sva prava su zadržana. Ova knjiga ili njeni pojedini dijelovi ne smiju biti reprodukovani u bilo kojoj formi, ili biti smješteni u bilo kom renta sistemu, ili biti transmitovana bilo kojim načinom, elektronski, mehanički, fotokopiranjem, snimanjem, ili slično, bez prethodnog pismenog ovlašćenja izdavača.

Ukoliko nije drukčije navedeno, svi Biblijski navodi uzeti su iz Svetog Pisma, NOVA AMERIČKA STANDARDNA BIBLIJA, ®, Autorska Prava© 1960, 1962, 1963, 1968, 1971, 1972, 1973, 1975, 1977, 1995 od strane Lokman fondacije (The Lockman Foundation). Korišćeno uz dozvolu.

Autorska prava © 2012 od strane dr. Džeroka Lija
ISBN (Međunarodni standardni broj knjige): 89-7557-060-6
Prevodilačka Autorska Prava © 2012, dr. Ester K. Čung (Dr. Esther K. Chung). Korišćeno uz dozvolu.

Prvo izdanje, novembar 2012.

Prethodno objavljeno na Korejanskom 1992 od strane Urim Knjige (Urim Books)

Uredila dr. Geumsun Vin
Dizajnirao urednički biro Urim Books
Za više informacija kontaktirati: urimbook@hotmail.com

Predgovor

Drveće bagrema je uobičajen prizor u pustinjama Izraela. Ovo drveće ima korijenje na stotinu metara ispod površine i traži podzemne vode kako bi se održalo u životu. Na prvi pogled, drveće bagrema je dobro samo za ogrjev, ali njegova struktura je mnogo čvršća i u istrajnosti jača mnogo više nego kod drugih drveća.

Bog je zapovijedio da se napravi Kovčeg svjedočenja (Kovčeg sporazuma) od drveća bagrema, da bude premazan zlatom i smješten u svetinji nad svetinjama. Svetinja nad svetinjama je mjesto u kojem Bog boravi i za koje su imali dozvolu za ulazak samo visoki svještenici. Na isti način, neko ko je uzeo korijen Božje riječi koja je život, neće biti samo iskorišćen kao dragocijeno oruđe pred Bogom već će takođe u njegovom životu uživati u obilnim blagoslovima.

Ovo je baš kao što nam Jeremija 17:8 govori: „Jer će biti kao drvo usađeno kraj vode i koje niz potok pušta žile svoje, koje ne osjeća kad dođe pripeka, nego mu se list zeleni, i sušne godine ne brine se i ne prestaje rađati rod." Ovdje se „voda" duhovno odnosi na Božju Riječ a osoba koja je primila takav blagoslov će rado služiti službama bogoslaženja na kojima je Božja Riječ objavljena. Bogosluženje je ceremonija na kojoj su prikazani poštovanje i divljenje prije božanstva. Sve u svemu, kao hrišćani, bogosluženje je ceremonija za vrijeme koje mi dajemo zahvalnost i uzdižemo Boga sa našim poštovanjem, hvalospjevom i slavom. U oba i za vrijeme Starog Zavjeta i danas, Bog je tražio i nastavlja da traži one koji bogosluže Njemu u duhu i istini.

Zapisano u Levitskom Zakoniku Starog Zavjeta nalaze se sitni detalji bogosluženja. Neki ljudi tvrde da zato što je Levitski Zakonik o zakonu i žrtvama paljenicama Bogu po načinu Starog Zavjeta, Knjiga je danas nama beznačajna. Ovo ne može biti veća laž zbog značaja zakona Starog Zavjeta o bogosluženju koji su ugrađeni u načinu bogosluženja koji se danas obavlja. Kao što je bio slučaj u vremenima Starog Zavjeta, bogosluženje u vremenima Novog Zavjeta je put na kojem mi susrećemo Boga. Samo kada mi pratimo duhovni značaj zakona Starog Zavjeta u žrtvama (davanju), što je bila nevinost, mi takođe možemo da služimo Bogu u vremenima Novog Zavjeta u duhu i istini.

Ovo djelo istražuje lekcije i smisao koji se mogu dobiti istraživanjem različitih pojedinačnih vrsta žrtava kao što su žrtve paljenica, žrtve brašna, žrtve zahvalnosti, žrtve grijehova i žrtve krivice, kako se one odnose na nas dok živimo u vremenima

Novog Zavjeta. Ovo će pomoći u detaljnom objašnjenju kako treba da služimo Bogu. Da bi olakšalo čitaocima u razumijevanju zakona o žrtvama, ovo djelo prenosi slike u boji na panoramski pogled na šator, enterijer svetilišta i svetinje nad svetinjama i razvrstane instrumente koje su u vezi sa bogosluženjem.

Bog nam govori: „Bićete sveti, jer sam Ja svet" (Levitski Zakonik 11:45; 1. Petrova Poslanica 1:16) i želi da svako od nas u potpunosti razumije zakone o žrtvama zapisane u Levitskom Zakoniku i vodi sveti život. Ja se nadam da ćete razumijeti svaki aspekt žrtve u vremenima Starog Zavjeta i bogosužiti u vremenima Novog Zavjeta. Ja se takođe nadam da ćete ispitati način na koji služite i da ćete početi da služite Bogu na način koji Njemu prija.

Ja se molim u ime našeg Gospoda Isusa Hrista da kao što je Solomon udovoljio Bogu sa njegovih hiljadu žrtava paljenica, da će svaki čitalac ovoga djela biti iskorišćen kao dragocijen uređaj pred Bogom i da kao poput drva koje je posađeno uz vodu, da ćete moći da uživate u preobilnim blagoslovima davajući Bogu miris ljubavi i zahvalnosti dok Njemu bogoslužite u duhu i istini!

Februar 2010.god.
Dr. Džerok Li

Sadržaj

Bogosluženje u duhu i istini

Predgovor

Poglavlje 1
Duhovno bogosluženje (molitva) koje Bog prihvata   1

Poglavlje 2
Žrtve Starog Zavjeta kao što je zapisano u Levitskom Zakoniku   17

Poglavlje 3
Žrtva paljenica   43

Poglavlje 4
Žrtva brašna   67

Poglavlje 5
Žrtva zahvalnosti   83

Poglavlje 6
Žrtva grijeha   95

Poglavlje 7
Žrtva krivice   111

Poglavlje 8
Predstavite vaše tijelo kao živu i svetu žrtvu   123

Poglavlje 1

Duhovno bogosluženje koje Bog prihvata

„Bog je Duh i koji Mu se mole, duhom i istinom treba da se mole."

Jevanđelje po Jovanu 4:24

1. Žrtve (davanja) u vremenima Starog Zavjeta i bogosluženje u vremenima Novog Zavjeta

S početka, Adam, prvi stvoren čovjek, bio je biće koje je moglo da ima direktan i prisan odnos sa Bogom. Nakon što je bio uhvaćen od strane Sotone i počinio je grijeh, Adamov prisan odnos sa Bogom je bio uništen. Za Adama i njegovo pokolenje, Bog je pripremio put oproštaja i spasenja i otvorio je put sa kojim su oni mogli da povrate komunikaciju sa Bogom. Taj put je pronađen u metodama žrtva u vremenima Starog Zavjeta, koje je Bog milostivo obezbjedio.

Žrtve u vremenima Starog Zavjeta nisu osmislili ljudi. One su bile naređivane i otkrivene od strane Samog Boga. Mi ovo znamo od Levitskog Zakonika 1:1 pa nadalje: „I viknu GOSPOD Mojsija, i reče mu iz šatora od sastanka govoreći..." Mi ovo možemo da pretpostavimo od žrtva koje su Avelj i Kain, sinovi Adama, davali Bogu (Postanak 4:2-4).

Ove žrtve, u skladu sa pojedinačnim značajem, prate određena pravila. One su svrstane u žrtve paljenice, žrtve brašna, žrtve zahvalnosti, žrtve grijehova i žrtve krivice i u zavisnosti od težine grijeha i okolnosti u kojima ljudi daju žrtve, bikovi, jagnjad, grlice i brašno mogu biti žrtve. Svještenici koji su vršili službu u žrtvovanju trebali su da ispoljavaju samokontrolu u životu, budu mudri u njihovom ponašanju, obuku sebe u oplećak od lana koji je postavljen sa strane i daju pripremljene sa najvećom pažnjom žrtve u skladu sa utvrđenim pravilima. Takve žrtve su po spoljašnosti formalnost koja je komplikovana i stroga.

Za vrijemeStarog Zavjeta, nakon što je osoba zgriješila, mogla je da se iskupi samo kada daruje grijeh kao žrtvu ubijajući životinju i kroz njenu krv grijeh je bio iskupljen. Međutim, ista krv životinja koja je nuđena posle godinu dana nije mogla da u potpunosti oslobodi ljude od njihovih grijehova; ove žrtve su bila privremena otkupljenja i prema tome nisu bila savršena. Ovo je zato što potpuno otkupljenje čovjeka od grijeha je moguće samo kroz život osobe.

1. Korinćanima Poslanica 15:21 nam govori: „Jer budući da kroz čovjeka bi smrt, kroz čovjeka i vaskrsenje mrtvih." Iz tog razloga, Isus Sin Božji je došao na ovaj svijet u tijelu i čak iako je bio bezgriješan, prolio je Njegovu krv na krstu i umro na njemu. Kako je Isus jednom postao žrtva (Poslanica Jevrejima 9:28), nema potrebe više za žrtvama od krvi koja zahtevaju komplikovana i stroga pravila.

Kao što čitamo u Poslanici Jevrejima 9:11-12: „Ali došavši Hristos, poglavar svješstenički dobara koja će doći, kroz bolju i savršeniju skiniju, koja nije rukom građena, to jest, nije ovog stvorenja; ni s krvlju jarčijom, niti telećom, nego kroz Svoju krv uđe jednom u svetinju, i nađe vječni otkup," Isus je ostvario vječno otkupljenje.

Sa Isusom Hristom, mi više ne dajemo žrtve od krvi Bogu već sada mi možemo da idemo pred Njega i Njemu prinesemo živu i svetu žrtvu. Ovo je služba bogosluženja u vremenima Novog Zavjeta. Kako je Isus prinio jednom žrtvu za grijehove za sva vremena time što je bio zakovan na krstu i prolio Njegovu krv (Poslanica Jevrejima 10:11-12), kada mi vjerujemo iz našeg srca da smo iskupljeni od grijeha i prihvatimo Isusa Hrista, mi možemo da primimo oproštaj od naših grijehova. Ovo nije ceremonija koja naglašava djelo, već dokaz vjere koja proizilazi iz našeg srca. To je živa i sveta žrtva i duhovna služba u bogosluženju (Poslanica Rimljanima 12:1).

Ovo ne znači da su žrtve iz vremena Starog Zavjeta ukinute. Ako je Stari Zavjet sjenka, onda je Novi Zavjet oblik. Kao i sa zakonom, zakoni žrtva u Starom Zavjetu su se usavršili kroz Isusa u Novom Zavjetu. U vremenima Novog Zavjeta samo su se formalnosti promenile u službi bogosluženja. Baš kao što je Bog imao poštovanje prema nevinosti i čistim žrtvama u vremenima Starog Zavjeta, On će biti zadovoljan sa našom službom bogosluženja u duhu i istini u vremenima Novog Zavjeta. Stroge formalnosti i procedure naglašavaju ne samo spoljašnje ceremonije već takođe i nose duhovno značenje velikih dubina. One služe kao pokazatelj sa kojim mi možemo da ispitamo naš stav prema bogosluženju.

Prvo, nakon nadoknade ili preuzimanja odgovornosti kroz djela zbog grešaka prema komšijama, braći ili Bogu (žrtva krivice), vjernik mora da pogleda unazad na svoj život u toku protekle nedjelje, prizna svoje grijehove i traži oproštaj (žrtva grijeha) i onda bogosluži sa čistim srcem i najvećom iskrenošću (žrtva paljenica). Kada mi udovoljimo Bogu davajući žrtve pripremljene sa najvećom pažnjom u znak zahvalnosti za Njegovu milost koja nas je štitila u protekloj nedjelji (žrtva brašna) i Njemu govorimo želje našeg srca (žrtva zahvalnosti), On će ispuniti želje našeg srca i daće nam snagu i moć da prevaziđemo svijet. Kao takav, uključujući i službe bogosluženja u vremenima Novog Zavjeta postoje mnogi značajni zakoni u žrtvama Starog Zavjeta. Zakoni o žrtvama u vremenima Starog Zavjeta biće mnogo više detaljnije istraživani od poglavlja 3 pa nadalje.

2. Bogosluženje u duhu i istini

U Jevanđelju po Jovanu 4:23-24, Isus nam govori: „Ali ide vrijeme, i već je nastalo, kad će se pravi bogomoljci moliti Ocu duhom i istinom; jer Otac hoće takve bogomoljce. Bog je Duh i koji Mu se mole, duhom i istinom treba da se mole." Ovo je dio o kojem je Isus govorio ženi da je On došao pred izvorom u Samarjanski grad Sihar. Žena je pitala Isusa, koji je započeo razgovor sa njom kada je potražio vodu, o mjestu bogosluženja, temu koja je dugo vremena bila predmet radoznalosti (Jevanđelje po Jovanu 4:19-20).

Dok su Jevreji davali žrtve u Jerusalimu gdje je Hram bio smješten, Samarjani su davali žrtve na gori Garizin. Ovo je bilo zato što kada je Izrael bio podeljen na dva dela za vrijeme vladavine Rovoama sina Solomona, Izrael je na sjeveru izgradio visoko mjesto da bi blokirao ljude da idu prema Hramu u Jerusalimu. Kako je žena bila svjesna ovoga, ona je željela da zna prikladno mjesto za bogosluženje.

Za ljude Izraela, mjesto za bogosluženje ima veliki značaj. Kako je Bog bio prisutan u Hramu, oni su ga podijelili i vjerovali su da će to biti centar univerzuma. Međutim, zato što vrsta srca sa kojom jedan služi Bogu je mnogo važnije nego mjesto ili lokacija za bogosluženje, kada je Isus otkrio Sebe kao Mesiju On je stavio do znanja da razumijevanje bogosluženju takođe mora da bude obnovljeno.

Šta znači: „bogosluženje u duhu i istini?" „Bogosluženje u duhu" je napraviti hljeb od Božje Riječi u 66 knjiga iz Biblije u inspiraciji i ispunjenosti Svetim Duhom i bogoslužiti iz dubine našeg srca uporedo sa Svetim Duhom koji boravi u nama. „Bogosluženje u istini" je, zajedno sa tačnim razumijevanjem Boga, bogosluženje Njemu sa svim našim tijelom, srcem, voljom i iskrenošću koju Njemu dajemo, u radosti, zahvalnosti, molitvama, hvalospjevom, djelima i žrtvama.

Bilo da Bog prihvata ili ne naše bogosluženje to ne zavisi od našeg spoljašnjeg izgleda ili veličine naših žrtava, već od stepena naše pažnje sa kojom Njemu dajemo u našim pojedinačnim okolnostima. Bog će rado prihvatiti i odgovoriti željama srca onih koji Njemu bogosluže iz dubine njihovih srca i koji Njemu daju dobrovoljno darove. Međutim, On ne prihvata bogosluženje bezobraznih ljudi čija su srca lakomislena i promišljena samo u tome šta drugi misle o njima.

3. Žrtve bogoslužеnja koje Bog prihvata

Oni među nama koji žive u vremenima Novog Zavjeta kada je sav Zakon bio ispunjen od strane Isusa Hrista, moraju da bogosluže Bogu na mnogo savršeniji način. To je zato što je ljubav najveća zapovijest koju nam je dao Isus Hrist koji je ispunio Zakon u ljubavi. Bogosluženje je onda izraz naše ljubavi prema Bogu. Neki ljudi priznaju njihovu ljubav prema Bogu sa njihovim usnama ali od načina na koji Njemu bogosluže, to vremenom postaje diskutabilno da li su ili ne oni zaista iskreno voleli Boga iz dubine njihovih srca.

Ako treba da se sastanemo sa nekim koji je po rangu stariji ili po godinama, mi ćemo urediti našu odjeću, stav i srce. Ako treba da mu damo poklon, mi ćemo pripremiti besprekoran poklon sa najvećom pažnjom. Sada, Bog je Stvoritelj svega u univerzumu i vredan je slave i hvalospjeva od Njegove kreacije. Ako želimo da bogoslužimo Bogu, mi nikada ne treba da budemo drski pred Njim. Mi moramo da pogledamo unazad na sebe da bi istražili da li smo bili drski i da budemo sigurni da smo učestvovali u službi bogoslúženja sa svim svojim tijelom, srcem i pažnjom.

1) Mi ne smemo da kasnimo na službe.

Kako je bogosluženje ceremonija na kojoj mi prepoznajemo duhovnu vlast nevidljivog Boga, mi ćemo Njega priznati iz našeg srca samo kada se strogo pridržavamo pravila i pouka koje je On uspostavio. Prema tome, drsko je zakasniti na službe iz bilo kog razloga.

Pošto je služba vrijeme koje smo obećali Bogu, mi moramo stići prije vremena na službu, posvetiti sebe molitvi i pripremiti se za službu sa našim srcem. Ako treba da se upoznamo sa kraljem, predsjednikom ili premijerom, mi ćemo bez sumnje doći ranije i čekati spremnog srca. Kako onda mi možemo da kasnimo ili da jurimo kada treba da se sastanemo sa Bogom koji je neuporedivo veći i veličanstveniji?

2) Mi moramo da posvetimo poruci punu pažnju.

Pastir (pastor) je svještenik koji je pomazan od strane Boga;

on je jednak sa svještenikom u vremenima Starog Zavjeta. Pastir koji je uspostavljen da objavljuje Riječ sa svetog oltara je vodič koji vodi stado ovaca ka Nebesima. Prema tome, Bog gleda na djelo drskosti ili nepokornosti prema pastiru kao na djelo drskosti ili nepokornosti prema Samom Bogu.

U Izlazku 16:8, mi nailazimo da kada su se Izraelci bunili i suprotstavljali se Mojsiju, oni su u stvari to činili protiv Samog Boga. U 1. Samuelovoj Poslanici 8:4-9, kada se ljudi nisu pokorili proroku Samuelu, Bog je to smatrao kao nepokornost prema Njemu. Stoga, ako govorite sa osobom koja sedi do vas ili ako je vaš um ispunjen praznim mislima dok pastir objavljuje poruku u Božje ime, vi ste onda drski pred Bogom.

Dremanje ili spavanje za vrijeme službe je takođe delo drskosti. Možete li zamisliti koliko bi bilo nepristojno da sekretar ili ministar zaspi za vrijeme sastanka gdje je domaćin predsjednik? Na isti način, dremanje ili spavanje u hramu što je tijelo Našeg Gospoda je djelo drskosti pred Bogom, pastirom i braćom i sestrama u vjeri.

Takođe je neprihvatljivo bogoslužiti sa slomljenim duhom. Bog neće prihvatiti žrtvu bogoslušenja Njemu koja je Njemu ponuđena sa tugom i bez zahvalnosti i radosti. Prema tome, mi moramo da učestvujemo u službama bogoslušenja sa očekivanjem poruke koja proizilazi iz nade za Nebesa i sa zahvalnim srcem za milost spasenja i ljubavi. Drsko je rukovati se ili pričati sa osobom koja se moli Bogu. Baš kao što ne smete da prekinete razgovor između vašeg vršnjaka i vašeg starješine, drsko je i prekinuti nečiji razgovor sa Bogom.

3) Alkohol i duvan ne treba da se koriste prije prisustvovanja služba bogoslušenja.

Bog neće smatrati grijehom nesposobnost novog vjernika da ostavi piće ili duvan zbog slabe vjere. Međutim, ako osoba koja je bila krštena i ima poziciju u crkvi nastavi da pije i koristi duvan, ovo je djelo drskosti prema Bogu.

Čak i nevjernici misle da je neprikladno i pogrešno ići u crkvu u alkoholisanom stanju ili tek nakon ispušene cigarete. Kada osoba razmotri mnoge probleme koji proizilaze od alkohola i cigareta, on će moći da razazna istinu kako da se ponaša kao dijete Božje.

Pušenje uzrokuje razne vrste raka i prema tome je štetno za tijelo, dok alkohol, koji može da dovede do trovanja, može biti izvor nedoličnog ponašanja i govora. Kako može vjernik koji puši ili pije biti primjer djeteta Božjeg i čije ponašanje može čak i Njega da sramoti? Prema tome, ako imate iskrenu vjeru, vi morate brzo da odbacite takve bivše puteve. Čak iako ste početnik u vjeri, dajete sve od sebe da odbacite te bivše životne puteve, to je biti ispravan pred Bogom.

4) Mi ne smemo da se odvratimo ili da ukaljamo ambijent službe bogoslušenja.

Hram je sveto mjesto koje je izdvojeno za bogoslušenje, molitve i hvalospev Bogu. Ako su roditelji dozvolili djeci da plaču, prave galamu, ili da divljaju, dijete će spriječiti druge članove crkve u njihovom bogoslušenju i sa onim što su čuli. Ovo je djelo drskosti prema Bogu.

Takođe je i nepoštovanje postati uznemiren ili pričati o

nečijem poslovanju ili o spoljašnjoj zabavi u hramu. Žvakanje žvake, pričanje na glas sa ljudima do vas, ili ustajanje i šetanje kroz hram za vrijeme službe je takođe pokazivanje nedostatka poštovanja. Nositi kapu, kratke majice, radna odjela ili japanke ili papuče na službi bogosluženja je udaljavanje od pristojnog ponašanja. Spoljašnji izgled nije važan, ali unutrašnje držanje neke osobe i srce često se ogledaju u nečijem spoljašnjem izgledu. Briga sa kojom se osoba priprema za službu odražava se u odjeći i spoljašnjem izgledu.

Kada imamo pravilno razumijevanje za Boga i šta On želi to nam dozvoljava da Njemu prinesemo duhovnu službu bogosluženja koju će Bog prihvatiti. Kada mi bogoslužimo Bogu na način koji Njemu godi - kada Njemu bogoslužimo u duhu i istini - On će nam dati moć razumijevanja kako bi mogli da urežemo to razumijevanje u dubinama našeg srca, uberemo obilne plodove i uživamo u čudesnoj milosti i blagoslovima sa kojim nas On obasipa.

4. Život označen bogosluženjem u duhu i istini

Kada mi bogoslužimo u duhu i istini, naši životi su obnovljeni. Bog želi da život svačijeg života u cijelosti bude označen bogosluženjem u duhu i istini. Kako bi mi trebali da vodimo sebe da bi prineli Bogu duhovnu službu bogosluženja koju će On rado prihvatiti?

1) Mi moramo uvijek da se radujemo.
Iskrena radost ne proizilazi samo iz razloga da smo radosni

već takođe i kada smo suočeni sa bolnim i teškim stvarima. Isus Hrist, koga smo mi prihvatili kao našeg Spasitelja, Sam je razlog da se mi stalno radujemo jer je On preuzeo odgovornost za sve naše kletve.

Kada smo mi bili na putu uništenja, On nas je iskupio od grijeha prolivajući Njegovu krv. On je preuzeo naše siromaštvo i bolesti na Sebe i On je skinuo okove grešnih suza, bola, žalosti i smrti. Šta više, On je uništio vlast smrti i vaskrsao, time nam je dao nadu vaskrsenja i dozvolio nam da posjedujemo iskren život i prelijepa Nebesa.

Ako smo posjedovali Isusa Hrista sa vjerom kao izvor naše radosti, onda nam ne preostaje ništa drugo osim da se radujemo. Pošto ćemo imati prelijepu nadu za život poslije smrti i pošto će nam biti data vječna radost, čak iako nemamo hranu ili smo okovani problemima u porodici, a čak iako smo i okruženi nesrećama i proganjanjima, stvarnost će nam biti beznačajna. Sve dok se naše ljubavlju ispunjeno srce za Boga ne koleba i dok nije uzdrmana naša nada za Nebesima, radost nikada neće nestati. Tako da kada je naše srce ispunjeno Božjom milošću i nadom za Nebesa, radost će poteći u svakom momentu i nevolje će onda biti mnogo brže preokrenute u blagoslove.

2) Mi moramo da se molimo bez prestanka.

Postoje tri značaja za „molitvu bez prestanka." Prvi je, moliti se uobičajeno. Čak i Isus, za vrijeme Njegovog službovanja, tražio je tiha mjesta u kojima je mogao da se moli u skladu sa „Njegovim običajem." Danilo se molio tri puta na dan po pravilnoj osnovi a Petar i ostali učenici su takođe izdvajali vrijeme za molitvu. Mi moramo takođe da se molimo uobičajeno da bi ispunili količinu molitve i da osiguramo da se ulje Svetog Duha nikada ne istroši. Samo onda ćemo mi moći da razumemo Božju Riječ za vrijeme službe bogosluženja i dobićemo snagu da živimo po Riječi.

Sledeći, „molitva bez prestanka" moliti se u vremenu koje nije ustaljeno rasporedom ili navikom. Postoje momenti kada nas Sveti Duh tera da se molimo čak iako je to van vremena kada se uobičajeno molimo. Često čujemo svjedočenja ljudi koji su izbjegli poteškoće ili su bili zaštićeni ili sačuvani od nesreća kada su se povinovali u molitvi u takvim vremenima.

Poslednja „molitva bez prestanka" je meditiranje u Božjoj Riječi danju i noću. Bez obzira gdje, sa kim ili šta osoba može da uradi, istina u njegovom srcu mora da bude živa i da aktivno radi svoj posao.

Molitva je kao disanje za naš duh. Baš kao što tijelo umire nakon što dah tijela prestane, prestanak molitve će dovesti do slabosti i konačne smrti duha. Može se reći da se osoba „moli bez prestanka" dok ne uzvikuje samo u molitvi u određena vremena već takođe i meditira u Božjoj Riječi danju i noću i živi po njoj. Kada Božja Riječ napravi mjesto boravka u njegovom srcu i kada on živi njegov život u druženju sa Svetim Duhom, svaki vid njegovog života će napredovati i on će biti jasno i prisno vođen od strane Svetog Duha.

Baš kao što nam Biblija govori: „traži najprije Njegovo kraljevstvo i Njegovu pravednost," kada se molimo za Božje kraljevstvo - Njegovo proviđenje i spasenje duša - umjesto za nas,

Bog će nas čak i još obilnije blagosloviti. Ipak, postoje ljudi koji se mole kada su suočeni sa teškoćama ili kada osjete da im nešto nedostaje, ali onda uzimaju odmor od molitve kada se nađu u miru. Postoje drugi koji se mole revnosno kada su ispunjeni Svetim Duhom ali prave pauzu i njihovoj molitvi kada izgube ispunjenost.

Ipak, mi moramo uvijek da okupimo naša srce i uzdignemo ka Bogu miris molitva sa kojim je On zadovoljan. Možete da zamislite koliko je mučno i teško izvući riječi protiv nečije volje i pokušati da jedva ispunite vrijeme u molitvi dok drugi takođe pokušavaju da se izbore sa pospanošću i praznim mislima. Tako da, ako vjernik smatra da ima određeni stepen vjere i još uvijek ima takve teškoće i osjeća opterećenost dok razgovara sa Bogom, zar nije sramota da prizna njegovu „ljubav" prema Bogu? Ako se osjećate kao: „Moja molitva je duhovno sumorna i troma," ispitajte sebe da bi vidjeli koliko ste radosni i zahvalni bili.

Sasvim je sigurno da kada je srce osobe uvijek ispunjeno radošću i zahvalnošću, molitva će biti u punoći Svetim Duhom i neće biti troma već će probiti do još većih dubina. Osoba neće imati osjećaj nesposobnosti da se moli. Umjesto toga, što teže stvari postaju, time će više biti žedniji za Božju milost, što će ga natjerati da doziva Boga mnogo iskrenije i njegova vjera će samo rasti korak po korak.

Kada mi uzvikujemo u molitvi iz dubine naših srca bez prestanka, mi ćemo ubrati obilne plodove molitve. Uprkos bilo kojim iskušenjima koja će nam se naći na putu, mi ćemo se pridržavati vremena za molitvu. A, do mjere u kojoj smo uzvikivali u molitvi, duhovne dubine vjere i ljubavi će rasti i mi ćemo takođe dijeliti milost sa drugima. Prema tome, neophodno je za nas da se molimo bez prestanka u radosti i zahvalnosti kako bi primili odgovore od Boga u obliku prelepih plodova u duhu i tijelu.

3) Mi moramo da dajemo zahvalnost u svemu.

Koji razlog imate da budete zahvalni? Iznad svega postoji činjenica da smo mi, koji smo bili osuđeni na smrt, bili spašeni i možemo da uđemo u Nebesa. Činjenice da nam je dato sve uključujući i svakodnevni hljeb i dobro zdravlje, jesu dovoljni razlozi da bi dali zahvalnost. Šta više, mi možemo da budemo zahvalni uprkos svim nevoljama i iskušenjima zato što vjerujemo u svemogućeg Boga.

Bog zna svaki deo naših okolnosti i situacija i čuje sve naše molitve. Kada mi vjerujemo u Boga do kraja u sredini bilo kojih iskušenja, On će nas voditi da budemo ispred mnogo lepši kroz ta teška iskušenja.

Kada smo pogođeni u ime Našeg Gospoda ili čak iako smo suočeni sa iskušenjima zbog naših sopstvenih grešaka ili mana, ako mi u potpunosti vjerujemo u Boga, onda ćemo naići na to da sve što možemo da uradimo jeste da damo zahvalnost. Kada nam nešto nedostaje ili zaostajemo, mi ćemo biti još više zahvalniji za moć Božju koja jača i čini savršenije one slabe. Čak i kada stvarnost sa kojom smo se suočili izgleda mnogo teža da se izdrži i istraje, mi ćemo moći da damo zahvalnost zbog naše vjere u Boga. Kada smo dali zahvalnost sa vjerom do kraja, sve stvari će raditi zajedno za dobro i na kraju one će se okrenuti u blagoslove.

Radovati se uvijek, moliti se bez prestanka i davati zahvalnost u svemu su sve mjerila sa kojima mi mjerimo koliko smo plodova ubrali u duhu i u tijelu kroz naše živote u vjeri. Što se više neko bori da se raduje u odnosu na situaciju, sije sjeme radosti i daje zahvalnost iz dubine njegovog srca dok traži razloge da bude zahvalan, tim više će ubrati plodove radosti i zahvalnosti. Isto je i sa molitvom; što više napora ulažemo u molitvu, veću snagu i odgovore ćemo ubrati kao plodove.

Prema tome, svakodnevnim žrtvovanjem Bogu duhovne službe bogosluženja koju On želi i sa kojom je On zadovoljan kroz život u kojem se vi uvijek radujete, molitvama bez prestanka i davanjem zahvalnosti (1. Solunjanima Poslanica 5:16-18), ja se nadam da ćete ubrati velike i obilne plodove u duhu i telu.

Poglavlje 2

Žrtve Starog Zavjeta kao što je zapisano u Levitskom Zakoniku

„I viknu GOSPOD Mojsija, i reče mu iz šatora od sastanka govoreći: „Kaži sinovima Izrailjevim, i reci im: „Kad ko između vas hoće da prinese GOSPODU žrtvu od stoke, prinesite žrtvu svoju od goveda ili od ovaca ili od koza."""

Levitski Zakonik 1:1-2

1. Važnost Levitskog Zakonika

Obično se kaže da se najteže razumije Otkrivenje Jovanovo u Novom Zavjetu i Levitski Zakonik u Starom Zavjetu. Iz tog razloga, dok čitaju Bibliju neki ljudi preskaču ove dijelove dok drugi misle da su zakoni žrtva iz Starog Zavjeta nama beznačajni danas. Međutim, ako su nam beznačajni ovi dijelovi, ne postoji razlog zašto bi Bog zabilježio te knjige u Bibliji. Pošto je svaka riječ u Novom Zavjetu kao i takođe u Starom Zavjetu nama neophodna za naš život u Hristu, Bog je dozvolio da bude zapisana u Bibliji (Jevanđelje po Mateju 5:17-19).

Zakone o žrtvama iz vremena Starog Zavjeta ne treba odbaciti u vremenima Novog Zavjeta. Baš kao što je i sa Zakonom, zakoni o žrtvama u Starom Zavjetu su takođe bili ispunjeni kroz Isusa u Novom Zavjetu. Sadržaji značenja zakona koji se odnose na žrtve iz Starog Zavjeta su utisnuti na svakom koraku modernog bogosluženja u Božjem hramu i žrtve iz vremena Starog Zavjeta su jednaki postupku u službama bogosluženja danas. Jednom kada precizno razumijemo zakone o žrtvi iz Starog Zavjeta i njihov značaj, mi ćemo moći da pratimo prečice ka blagoslovima na kojim ćemo sresti Boga i iskusiti Njega sa jasnim razumijevanjem kako da bogoslužimo i služimo Njemu.

Levitski Zakonik je dio Božje Riječi koja se danas odnosi na sve one koji vjeruju u Njega. Ovo je zbog toga, kao što nalazimo u

1. Petrovoj Poslanici 2:5: „I vi kao živo kamenje zidajte se u kuću duhovnu i svještenstvo sveto, da se prinose prinosi duhovni, koji su Bogu povoljni, kroz Isusa Hrista," svako ko je primio spasenje kroz Isusa Hrista može da ode ispred Boga, baš kao što su to činili svještenici u Starom Zavjetu.

Levitski Zakonik je u velikoj mjeri podijeljen na dva dijela. Prvi se dio prvenstveno fokusira na to kako su nam oprošteni grijehovi. To u osnovi uključuje zakone žrtava kako bi bili oprošteni grijehovi. Ovo takođe opisuje kvalifikacije i odgovornost svještenika koji su zaduženi za žrtve između Boga i ljudi. Drugi dio do detalja opisuje grijehove koje Božji izabranici, Njegovi sveti ljudi, nikada ne smiju da počine. Sve u svemu, svaki vjernik mora da nauči Božju volju u Levitskom Zakoniku, koja naglašava kako da održava sveti odnos koji ima sa Bogom.

Zakoni o žrtvovanju u Levitskom Zakoniku objašnjavaju metodologiju o tome kako treba da bogoslužimo. Baš kao što mi susrećemo Boga i dobijamo Njegove odgovore i blagoslove kroz službe bogoslužanja, ljudi u vremenima Starog Zavjeta su dobili oproštaj od grijehova i iskusili su Božja djela kroz žrtvovanje. Međutim, poslije Isusa Hrista, Sveti Duh je napravio mjesto boravka u nama i nama je dozvoljeno da imamo prisan odnos sa Bogom kako Njemu bogoslužimo u duhu i istini među djelima Svetog Duha.

Poslanica Jevrejima 10:1 nam govori: „Jer Zakon imajući sjen dobara koja će doći, a ne samo obličje stvari, ne može nikada savršiti one koji pristupaju svake godine i prinose one iste žrtve." Ako postoji oblik, onda postoji sjenka tog oblika. Danas „oblik" je činjenica da mi možemo da bogoslužimo kroz Isusa Hrista i u vremenima Starog Zavjeta, ljudi su održali njihov odnos sa Bogom kroz žrtve, koje su sjenka.

Žrtve Bogu moraju biti dati u skladu sa pravilima koje On želi; Bog ne prihvata žrtve bogoslužženja od strane osobe koji je dao u skladu sa njegovim načinima. U Postanku, u poglavlju 4, mi nailazimo da dok je Bog prihvatao žrtve od Avelja koji je pratio Božju volju, On nije imao poštovanje za žrtve Kaina koji je osmislio sopstvene metode žrtvovanja.

Na isti način, postoji bogosluženje sa kojim je Bog zadovoljan i bogosluženje koje je van Njegovih pravila i prema tome je beznačajno Bogu. Pronađeno u zakonima žrtve u Levitskom Zakoniku je praktična informacija o vrsti bogosluženja kroz koju mi možemo da dobijemo Božje odgovore i blagoslove i sa kojima je On zadovoljan.

2. Bog je pozvao Mojsija iz šatora od sastanka

U Levitskom Zakoniku 1:1 čitamo: „I viknu GOSPOD Mojsija, i reče mu iz šatora od sastanka govoreći..." Šator od sastanka je pokretni hram koji olakšava brze pokrete ljudi Izraela koji su živjeli u pustinji i to je mjesto gdje je Bog pozvao Mojsija. Šator od sastanka odnosi se na šator koji sadrži svjetilište i svetinju nad svetinjama (Izlazak 30:18; 30:20; 39:32 i 40:2). To ukupno može da se odnosi na šator kao i na zavese koje okružuju dvorove (Brojevi 4:31; 8:24).

Prateći Izlazak i na njihovom putu ka zemlji Hanan, ljudi Izraela su proveli mogo vremena u pustinji i uvijek su morali da budu u pokretu. Iz tog razloga hram gdje su žrtve davane Bogu nije mogao da bude izgrađen od trajnog materijala, već je to bio šator koji je mogao lako da se pomjera. Iz ovog razloga, struktura je takođe nazvana „hram šator."

U Izlasku 35:39 su specifični detalji konstrukcije šatora. Sam Bog je Mojsiju dao konstrukciju šatora i materijale koje treba da iskoristi za njegovu izradu. Kada je Mojsije rekao zajednici o potrebnim materijalima za izgradnju šatora, oni su sa zadovoljstvom doneli toliko korisnih materijala kao što su zlato, srebro, bronza; mnoge vrste kamena; plav, ljubičast i skarlet materijal i fino platno; oni su donosili dlaku koza, kožu ovnova i kožu morskog praseta, da je Mojsije morao da zaustavi ljude da više ne donose (Izlazak 36:5-7).

Šator je prema tome bio izgrađen od dobrovoljnih priloga zajednice. Za Izraelce na njihovom putu ka Hananu nakon što su napustili Egipat kao da su od njega bježali, troškovi izgradnje šatora nisu mogli da budu mali. Oni nisu imali niti domove niti zemlju. Oni nisu mogli da čuvaju bogatstvo kroz poljoprivredu. Međutim, u očekivanju obećanja od Boga, koji im je rekao da će On boraviti među njima kada mjesto boravka za Njega bude spremno, ljudi Izraela su snosili sve troškove i napor sa radošću i sa zadovoljstvom.

Za ljude Izraela, koji su dugo patili od teškog zlostavljanja i muka, jedina stvar za kojom su žudeli više od bilo čega bila je sloboda od ropstva. Kao takvim, nakon što ih je izveo iz Egipta Bog je zapovjedio izgradnju šatora kako bi mogao da boravi među njima. Ljudi Izraela nisu imali ni jedan razlog za odlaganje, a šator je prema tome bio, sa radosnom odanošću Izraelaca kao njen temelj.

Odmah na samom ulasku unutra je „svetilište" a kako se prolazi pored svetilišta u unutrašnjosti je „svetinja nad svetinjama." Ovo je najsvetije mjesto. Svetinja nad svetinjama udomljava Kovčeg svjedočenja (Kovčeg sporazuma). Činjenica da Kovčeg svjedočenja, koji sadrži Božju Riječ, je u svetinji nad svetinjama služi kao podsjetnik na Božju prisutnost. Dok je hram u svojoj cjelosti sveto mjesto kao dom Božji, svetinja nad svetinjama je mjesto koje se posebno izdvaja kao najsvetije od svih mjesta. Čak je i visokom svješteniku bilo dozvoljeno da uđe u svetinju nad svetinjama samo jednom godišnje i ta prilika je data kao žrtva grijeha Bogu za ljude. Običnim ljudima je bilo zabranjeno da tamo uđu. Ovo je zato što je grešnici ne mogu da idu pred Boga.

Ipak, sa Isusom Hristom svi smo mi stekli privilegiju da možemo da idemo pred Boga. U Jevanđelju po Mateju 27:50-

51, mi čitamo: „A Isus opet povika glasno i ispusti dušu. Zavesa crkvena razdre se nadvoje od gornjeg kraja do donjeg." Kada je Isus dao Sebe kao žrtvu kroz smrt na krstu kako bi nas otkupio od grijeha, veo koji je stajao između svetinja nad svetinjama i nas se pokidao na dva djela.

Na ovo Poslanica Jevrejima 10:19-20 razrađuje: „Imajući, dakle, slobodu, braćo, ulaziti u svetinju krvlju Isusa, putem novim i živim koji nam je obnovio zavjetom, to jest tijelom Svojim." Taj veo se pokidao kako je Isus žrtvovao Njegovo tijelo u smrti i označava rušenje zida grijeha između Boga i nas. Sada, svako ko vjeruje u Isusa Hrista može da primi oproštaj od grijeha i uđe na put koji je popločan i koji vodi do Svetog Boga. Dok su samo svještenici mogli da idu pred Boga u prošlosti, mi sada možemo da imamo direktan i prisan odnos sa Njim.

3. Duhovno značenje šatora od sastanka

Kakvo značenje za nas ima danas šator od sastanka? Šator od sastanka je crkva gdje danas vjernici bogosluže, svetilište je tijelo vjernika koji su prihvatili Gospoda i svetinja nad svetinjama je naše srce u kojem boravi Sveti Duh. 1. Korinćanima Poslanica 6:19 nas podsjeća: „Ili ne znate da su tjelesa vaša crkva Svetog Duha koji živi u vama, kog imate od Boga, i niste svoji?" Nakon što smo prihvatili Isusa kao našeg Spasitelja Sveti Duh nam je dat kao dar od Boga. Pošto Sveti Duh boravi u nama, naše srce i tijelo su sveti hram.

Mi takođe nailazimo u 1. Poslanica Korinćanima 3:16: „Ne znate li da ste vi crkva Božija, i Duh Božji živi u vama? Ako pokvari ko crkvu Božju, pokvariće njega Bog, jer je crkva Božja sveta, a to ste vi." Baš kao što moramo održavati Božji hram čistim sve vrijeme, mi takođe moramo da održavamo naše tijelo i srce čistim i svetim sve vrijeme kao mjesto boravka Svetog Duha.

Mi čitamo da će Bog uništiti svakoga ko pokuša da uništi hram Božji. Ako je osoba Božje dijete i prihvatila je Svetog Duha ali nastavlja da uništava sebe, Sveti Duh će se ugasiti i tu više neće biti spasenja za tu osobu. Samo kada mi održavamo hram svetim u kojem Sveti Duh boravi našim vođenjem i naša srca mi možemo da dostignemo potpuno spasenje i imamo direktan i intiman odnos sa Bogom.

Prema tome, činjenica da je Bog pozvao Mojsija iz šatora od sastanka znači da nas je Svet Duh pozvao iz nas i da traži druženje sa nama. Sasvim je prirodno da Božja djeca koja su primila spasenje imaju odnos sa Ocem Bogom. Oni moraju da se mole uz Svetog Duha i bogosluže u duhu i istini u intimnom druženju sa Bogom.

Ljudi u vremenima Starog Zavjeta nisu mogli da imaju odnos sa Svetim Bogom zbog svojih grijehova. Samo su visoki svještenici mogli da uđu u svetinju nad svetinjama u šator i daju Bogu žrtve u ime ljudi. Danas, svakom djetetu Božjem je dozvoljeno da uđe u svetilište i da bogosluži, moli se i ima odnos sa Bogom. Ovo je zato što je Isus Hrist otkupio nas od grijehova.

Kada smo prihvatili Isusa Hrista, Sveti Duh boravi u našem srcu i smatra ga kao svetinju nad svetinjama. Šta više, baš kao što je Bog pozvao Mojsija iz šatora od sastanka, Sveti Duh nas doziva iz dubina našeg srca i želi da se druži sa nama. Dozvoljavajući nam da čujemo glas Svetog Duha i da primamo Njegovo vođstvo, Sveti Duh nas vodi ka tome da živimo život u istini i da razumijemo Boga. Da bi čuli glas Svetog Duha, mi moramo da odbacimo grijeh i zlo u našem srcu i da postanemo posvećeni. Jednom kada smo ispunili posvećenost, mi ćemo moći da čujemo jasno glas Svetog Duha i blagoslovi će biti obilni i u duhu i u tijelu.

4. Oblik šatora od sastanka

Oblik šatora od sastanka je veoma jednostavan. Osoba mora da prođe pored kapije, čija je širina oko devet metara (oko 29,5 stopa) sa istočne strane šatora. Nakon ulaska u sud šatora, jedan će prvo stići do oltara za žrtve paljenice napravljenog od bronze. Između ovog oltara i svetilišta je umivaonik ili ceremonijalna posuda, iznad ovoga je svetilište a onda svetinja nad svetinjama koja je središte šatora od sastanka.

Dimenzije šatora sačinjenog od svetilišta i svetinje nad svetinjama su četiri i po metara (oko 14,7 stopa) u širinu, 13,5

Oblik šatora od sastanka

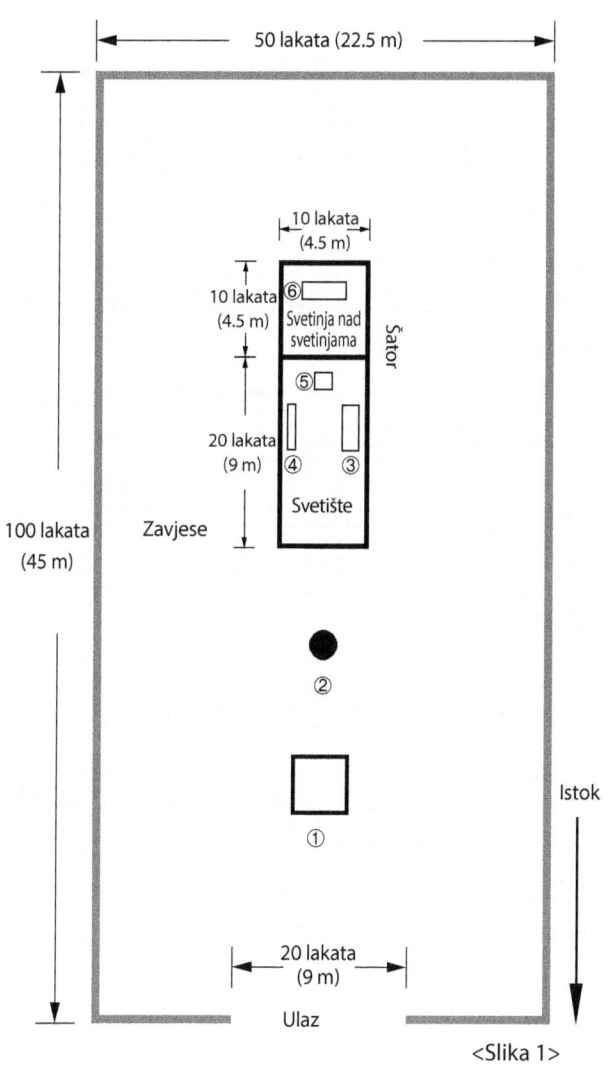

<Slika 1>

Dimenzije
Zavjese: 100 x 50 x 5 lakata
Ulaz: 20 x 5 lakata
Šator: 30 x 10 x 10 lakata
Svetište: 20 x 10 x 10 lakata
Svetinja nad svetinjama: 10 x 10 x 10 lakata
(*1 lakat = 17.7 in)

Posuđe
1) Oltar za žrtve paljenice
2) Umivaonik
3) Sto za hljeb prisustva
4) Svijećnjak od čistog zlata
5) Oltar tamjana
6) Kovčeg svjedočenja (Kovčeg zavjeta)

metara (oko 44,3 stopa) u dužinu i po pola metara (oko 14,7) u visinu. Zgrada stoji na temeljima napravljenih od srebra, sa svojim zidovima koji imaju stubove bagremovog drveta obloženih zlatom i sa krovom koji je prekriven sa četiri sloja zavesa. Heruvimi (anđeli) su utkani u prvom sloju; drugi je napravljen od dlake koze; treći je napravljen od kože ovna a četvrti je napravljen od kože morskog praseta.

Svetilište i svetinja nad svetinjama su odvojeni zavesom sa takođe utkanim heruvimima. Veličina svetilišta je duplo veća od svetinje nad svetinjama. U svetilištu je sto za hljeb prisustva, svećnjak i oltar tamjana. Svi ovi predmeti su napravljeni od čistog zlata. Unutar svetinje nad svetinjama jeKovčeg svjedočenja (Kovčeg sporazuma).

Hajde da sumiramo. Prvo, unutar svetinje nad svetinjama je tajno mjesto u kome je Bog boravio a Kovčeg svjedočenja iznad kojeg je pomirilište, je takođe bio na svom mjestu. Jednom godišnje na dan pomirenja, visoki svještenik ulazi u svetinju nad svetinjama i prosipa krv na pomirilište u ime ljudi kako bi načinio pomirenje. Sve u svetinji nad svetinjama je ukrašeno čistim zlatom. Unutar Kovčega svjedočenja su dve kamene ploče na kojima je zapisano Deset Zapovjesti, krčag sa nešto mane i Aronov štap sa pupoljcima.

Svetilište je bilo mjesto gdje je svještenik mogao da uđe i da da žrtve i gdje je bio oltar tamjana i svećnjak i sto za hleb prisustva i

Slika

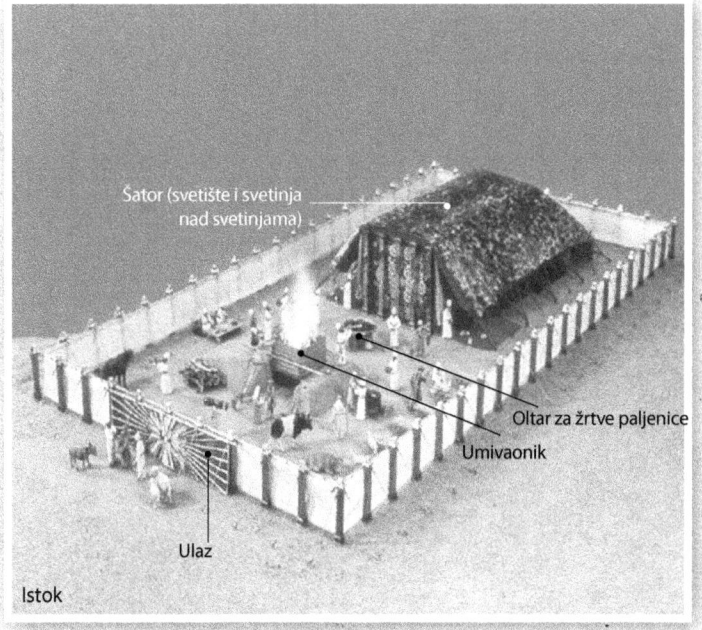

<Slika 2>

Panoramski pogled na šator od sastanka

U dvoru je oltar za žrtve paljenice (Izlazak 30:28), umivaonik (Izlazak 30:18) i šator (Izlazak 26:1; 36:8) a nad posuđem visi fino uvrnuto platno. Postoji samo jedan ulaz u istočni dio šatora (Izlazak 27:13-16) i simbolizuje Isusa Hrista, jedina vrata spasenja.

Slika

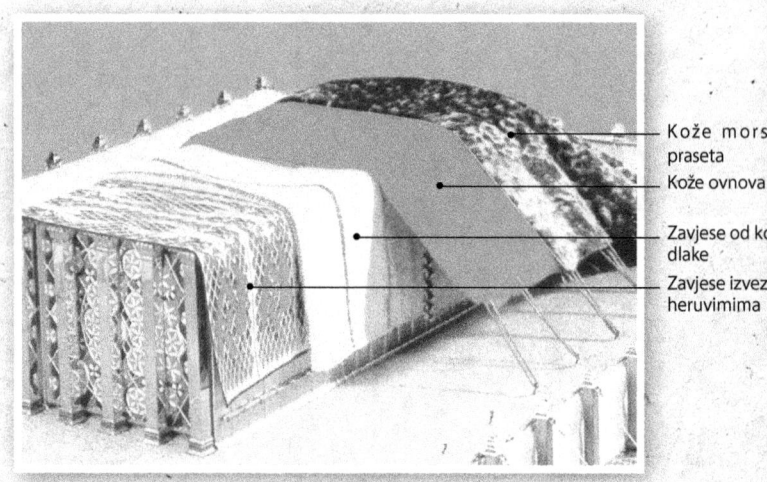

Kože morskog praseta
Kože ovnova
Zavjese od kozje dlake
Zavjese izvezene heruvimima

<Slika 3>

Prekrivači za šator

Četiri sloja prekrivača bačenih na šator
Na dnu su zavjese vezene sa heruvimima; na vrhu njih su zavjese od dlaka koza; na vrhu njih su kože ovnova; a na vrh svega je koža morskog praseta. Prekrivači na slici 3 su prikazani tako da je svaki sloj vidljiv. Sa otvorenim prekrivačima, vidljive su zavjese za svetište ispred svetišta a iza njih, oltar tamjana i zavjese za svetinju nad svetinjama.

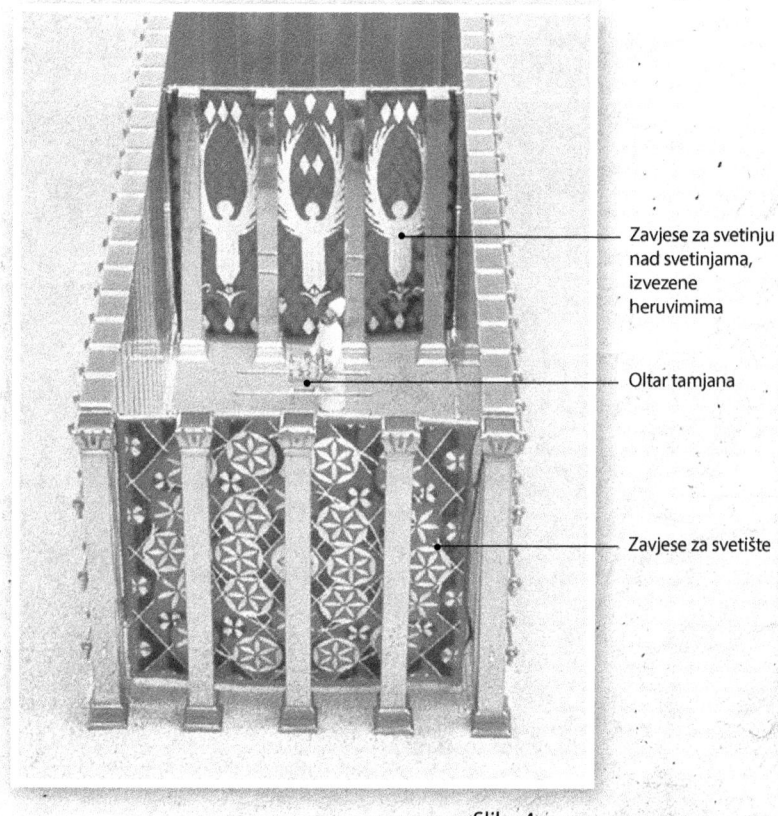

<Slika 4>

Vidljivo svetište sa otkrivenim pokrivačima

Ispred su zastori svetišta i iza njih je vidljiv oltar tamjana i zavjese za svetinju nad svetinjama.

Slika

<Slika 5>

Unutrašnjost šatora

U sredini svetišta je svijećnjak napravljen od čistog zlata (Izlazak 25:31), sto za hljeb prisustva (Izlazak 25:30) a prema leđima je oltar tamjana (Izlazak 30:27).

Oltar tamjana

Sto za hljeb prisustva

Svijećnjak

Slika

<Slika 9>

Unutrašnjost svetinje nad svetinjama

Zadnji zid svetišta je uklonjen kako bi se dozvolilo da se vidi svetinja nad svetinjama Vidljiv je Kovčeg svedočenja, pomirilište i zavjese za svetinju nad svetinjama prema zadnjoj strani. Jednom godišnje, visoki svještenik obučen u bijelo ulazi u svetinju nad svetinjama i prska krv na žrtvu paljenicu

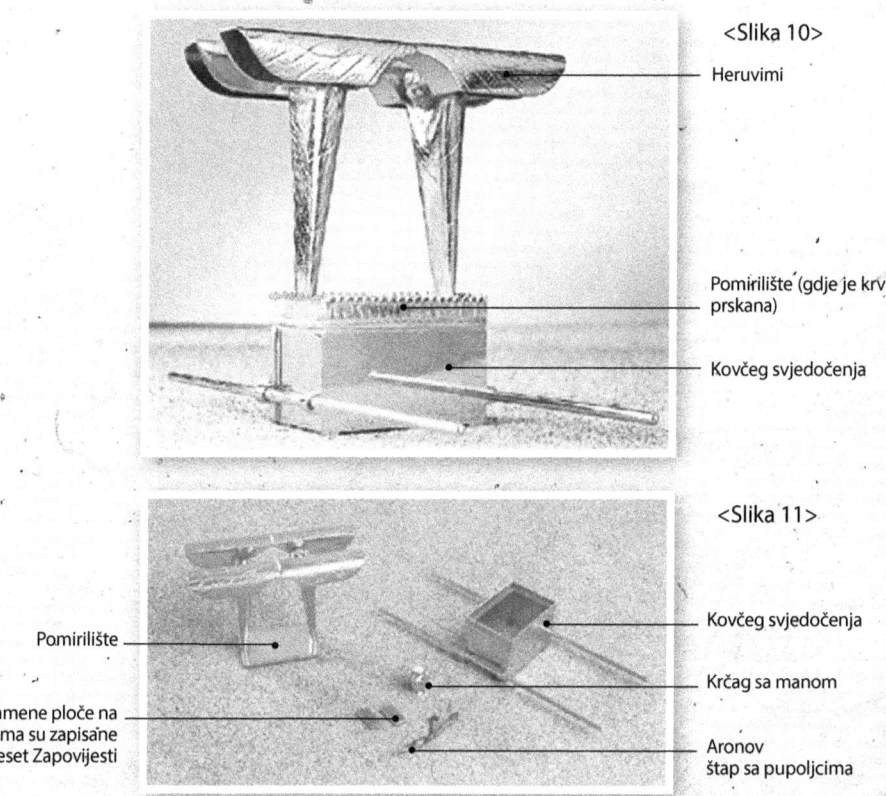

<Slika 10>
- Heruvimi
- Pomirilište (gdje je krv prskana)
- Kovčeg svjedočenja

<Slika 11>
- Pomirilište
- Kamene ploče na kojima su zapisane Deset Zapovijesti
- Kovčeg svjedočenja
- Krčag sa manom
- Aronov štap sa pupoljcima

Kovčeg svjedočenja i pomirilište

Unutar svetinje nad svetinjama je Kovčeg svjedočenja napravljen od čistog zlata a na vrhu Kovčega je pomirilište. Pomirilište se odnosi na prekrivače za Kovčeg svjedočenja (Izlazak 25:17-22) i tu se prosipa krv jednom godišnje. Na dva kraja pomirilišta su dva heruvima čija krila prekrivaju pomirilište (Izlazak 25:18-20). Unutar Kovčega svjedočenja su dvije kamene ploče na kojima je zapisano Deset Zapovijesti; krčag sa manom; i Aronov štap sa pupoljcima.

Slika

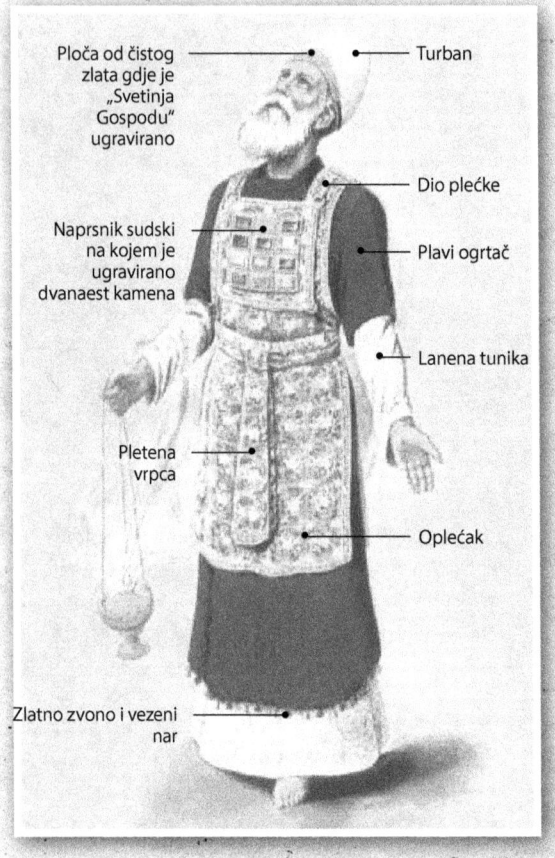

<Afbeelding 12>

Odjeća visokog svještenika

Visokom svješteniku je povjereno održavanje Hrama nadgledanje u službama prinosa i jednom godišnje ulazi u svetinju nad svetinjama da bi dao Bogu prinos. Svako ko je uspio da dostigne poziciju visokog svještenika zahtjevalo se od njega da posjeduje Urim i Tumum. Ova dva kamena, koja su korišćena u traženju Božje volje, su smještena u naprsniku na vrhu oplećka koje je svještenik nosio. „Urim" označava svjetlo a „Tumum" savršenstvo.

sve je napravljeno od zlata.

Treće, umivaonik je posuda napravljena od bronze. Umivaonik je sadržao vodu gdje su svještenici mogli da operu njihove ruke i noge prije ulaska u svjetilište ili prije ulaska visokih svještenika u svetinju nad svetinjama.

Četvrto, oltar za žrtve paljenice je napravljen od bronze i bio je dovoljni jak da izdrži vatru. Vatra na oltaru „došla je od GOSPODA" kada je šator bio završen (Levitski Zakonik 9:24). Bog je takođe zapovijedio da vatra na oltaru stalno gori nikad da ne prestane i svakoga dana su po dva jednogodišnja jagnjad na njemu bila žrtvovana (Izlazak 29:38-43; Levitski Zakonik 6:12-13).

5. Duhovno značenje žrtvovanja sa bikovima i jagnjadima

U Levitskom Zakoniku 1:2, Bog reče Mojsiju: „Kaži sinovima Izrailjevim, i reci im: „Kad ko između vas hoće da prinese GOSPODU žrtvu od stoke, prinesite žrtvu svoju od goveda ili od ovaca ili od koza."" Za vrijeme službe bogosluženja, Božja djeca Njemu daju različite žrtve. Porede desetka, postoje žrtve koji uključuju zahvalnost, izgradnju i olakšanje. Ipak, Božja zapovjest da ako svako Njemu donese žrtvu, žrtve moraju biti „životinje iz krda ili stada." Pošto ovaj stih nosi duhovno značenje, mi ne treba da uradimo ono što nam stih bukvalno govori, već najprije moramo razumijeti duhovno značenje i onda učiniti po volji Božjoj.

Koje je duhovno značenje u žrtvovanja životinja iz krda ili stada? To znači da mi moramo da bogoslužimo Bogu u duhu i istini i prinesemo sebe kao živu i svetu žrtvu. To je „duhovno značenje bogosluženja" (Poslanica Rimljanima 12:1). Mi moramo uvijek da budemo oprezni u molitvi i da vodimo sebe na sveti način pred Boga ne samo za vrijeme službe bogosluženja, već takođe i u našim svakodnevnim životima. Onda će naše bogosluženje i sve naše žrtve biti predane Bogu kao živa i sveta žrtva koju će Bog cijeniti kao duhovnu službu bogosluženja.

Zašto je Bog zapovjedio narodu Izraela da Mu žrtvuju bikove i jagnjad pored svih životinja? Bikovi i jagnjad pored svih životinja, na najbolji način predstavljaju Isusa, koji je postao žrtva zahvalnosti mira za spasenje čovječanstva. Hajde da istražimo sličnosti između „bikova" i Isusa.

1) Bikovi nose ljudski teret.

Baš kao što bikovi nose ljudski teret, Isus je poneo naš teret grijeha. U Jevanđelju po Mateju 11:28, On nam govori: „Hodite k Meni svi koji ste umorni i natovareni i Ja ću vas odmoriti." Ljudi teže i ulažu sve napore da postignu bogatstvo, čast, znanje, slavu, ugled i moć i sve ostalo što bi mogli da požele. Na vrhu raznih tereta koje nosi, čovjek takođe nosi teret grijeha i živi svoj život u sredini iskušenja, nevolja i muka.

Sada, Isus je preuzeo teret i životnu opterećenost postavši žrtva, dok prolio krv pokajanja i bio razapet na drveni krst. Sa vjerom u Gospoda, čovjek može da isprazni sve njegove nevolje i probleme grijeha i uživa u miru i odmoru.

2) Bikovi ne uzrokuju čovjeku nevolje; već su njima od koristi.

Bikovi ne obezbjeđuju samo radnu snagu čovjeku u njihovoj poslušnosti, već takođe daju mlijeko, meso i kožu. Od glave do kopita, ni jedan dio tijela nije beskoristan. Isus slično tome samo koristi čovjeku. Dok je svjedočio jevanđelje nebesa siromašnima, bolesnima i napuštenima, On im je dao utjehu i nadu, oslobodio je lance zlobnosti i iscijelio bolesti i slabosti. Čak iako On nije bio u mogućnosti da spava ili jede, Isus je uložio sav napor da nauči Božju Riječ i poslednju dušu na način na koji je On mogao. Žrtvujući Njegov život time što je bio razapet, Isus je otvorio put spasenja grješnicima koji su bili osuđeni na pakao.

3) Bikovi obezbeđuju hranu čovjeku sa svojim mesom.

Isus je dao čovjeku Njegovo tijelo i krv kako bi čovjek mogao da od njih napravi hljeb. U Jevanđelju po Jovanu 6:53-54, On nam govori: „Zaista, zaista vam kažem, ako ne jedete tijelo Sina Čovječijeg i ne pijete krv Njegovu, nećete imati život u sebi. Koji jede Moje tijelo i pije Moju krv ima život vječni i Ja ću ga vaskrsnuti u poslednji dan."

Isus je Božja Riječ koji je došao na ovaj svijet u tijelu. Prema tome, jedenje Isusovog tijela i pijenje Njegove krvi je pravljenje hljeba od Njegove Riječi i živjeti od nje. Baš kao što čovjek može da živi dok jede i pije, mi možemo da steknemo vječni život i uđemo u nebesa dok jedemo i pravimo hljeb od Božje Riječi.

4) Bikovi oru zemlju i pretvaraju je u plodnu zemlju.
Isus kultiviše čovječije srce-polje. U Jevanđelju po Mateju je parabola koja upoređuje ljudsko srce sa četiri različite vrste polja; polje pored puta; kamenito polje; trnovito polje; i polje sa dobrom zemljom. Pošto nas je Isus otkupio od svih naših grijehova, Sveti Duh je napravio mjesto boravka u našem srcu i daje nam snagu. Naša srca mogu biti transformisana u dobru zemlju uz pomoć Svetog Duha. Kako mi vjerujemo u krv Isusa, koji je dozvolio da nama bude oprošteno od svih grijehova i revnosno se povinujemo istini, naša srca će se pretvoriti u plodno, bogato i dobro polje i mi ćemo moći da dobijemo blagoslov u duhu i tijelu ubirajući 30, 60 i 100 puta više nego što smo posijali.

Sljedeće, koje sličnosti su između jagnjad i Isusa?

1) Jagnjad su krotka.
Kada govorimo o krotkim ili nežnim ljudima, mi ih obično upoređujemo sa krotkošću jagnjad. Isus je najnježniji od svih ljudi. O Isusu u Isaiji 42:3 čitamo: „Trsku stučenu neće prelomiti,

i sveštilo koje se puši neće ugasiti." Čak i sa zločincima i sa perverznjacima ili sa onima koji se nisu pokajali već nastavljaju da griješe, Isus je strpljiv do kraja, čeka ih da se okrenu od svojih puteva. Dok je Isus Sin Boga Stvoritelja i ima vlast da uništi cijelo čovječanstvo, On je ostao smiren sa nama i pokazao je ljubav čak i prema zločincima koji su Njega razapeli.

2) Jagnje je pokorno.

Jagnje u pokornosti prati gdje god da pastir vodi i ostaje mirno čak i kada je ošišano. Kao što u 2. Poslanici Korinćanima čitamo: „Jer Sin Božji Isus Hristos, kog mi vama pripovjedasmo ja i Silvan i Timotije, ne bi da i ne, nego u Njemu bi da," Isus nije insistirao na Njegovoj volji već je ostao pokoran Bogu do Njegove smrti. Tokom Njegovog života, Isus je išao samo na mjesta u vrijeme Božjeg odabira, radio je stvari samo koje je Bog želio da On radi. I na kraju, iako je On veoma dobro znao o predstojećem stradanju na krstu, On je to nosio u pokornosti kako bi ispunio volju Oca.

3) Jagnje je čisto.

Ovdje, jagnje je muško godinu dana staro jagnje koje još nije pareno (Izlazak 12:5). Jagnje u ovom uzrastu može da se uporedi sa neodoljivom i čistom osobom u svojoj mladosti - ili sa nevinim i bezgriješnim Isusom. Jagnjad takođe daju krzno, meso i mlijeko; ona nikada ne štete već su ljudima od koristi. Kao što je ranije spomenuto, Isus je prinio njegovo tijelo i krv i dao nam poslednji dio Sebe. U potpunoj pokornosti prema Ocu Bogu, Isus je ispunio Božju volju i uništio zid grijeha između Boga i griješnika. Čak i danas, On učestalo kultiviše naša srca kako bi se ona okrenula u čistu i plodnu zemlju.

Baš kao što je čovjek otkupljen od njegovih grijehova kroz bikove i jagnjad u vremenima Starog Zavjeta, Isus je prinio Sebe kao žrtvu na krstu i ispunio vječno otkupljenje kroz Njegovu krv (Poslanica Jevrejima 9:12). Kako mi vjerujemo u ovu činjenicu, mi moramo jasno da razumijemo kako je Isus postao žrtva Božjeg prihvatanja kako bi uvijek ostali zahvalni za ljubav i milost Isusa Hrista i uzmemo Njegov život za primjer.

Poglavlje 3

Žrtva paljenica

„I svještenik neka zapali sve to [mladog bika] na oltaru; to je žrtva paljenica, žrtva ognjena na ugodni miris GOSPODU."

Levitski Zakonik 1:9

1. Duhovno značenje žrtva paljenica

Žrtva paljenica, prva žrtva prema pisanju u Levitskom Zakoniku, najstarija je od svih žrtava. Etiomologija izraza „žrtva paljenica" je „neka se uzdignu." Žrtva paljenica je žrtva postavljena na oltaru i potpuno je obuzeta vatrom. To simboliše cjelokupnu žrtvu čovjeka, njegovu predanost i dobrovoljno služenje. Ugađanje Bogu mirisnom aromom spaljenih životinja prinesenih kao žrtve, žrtva paljenica je najčešći način davanja žrtve i služi kao znak činjenice da je Isus poneo naše grijehe i ponudio cijelog Sebe kao žrtvu, postajući mirisna ponuda Bogu (Poslanica Efežanima 5:2).

Ugađanje Bogu mirisom ne znači da Bog osjeća miris prinesenih životinja. To znači da On prihvata miris srca osobe koja Njemu prinosi žrtvu. Bog ispituje do koje mjere se ta osoba boji Boga i sa kakvom ljubavlju ta osoba daje žrtvu Bogu. On tada dobija odanost i ljubav te osobe.

Ubijanje životinje kako bi se prinijela Bogu kao žrtva paljenica, označava davanje Bogu naših života i poštovanje svega što nam je On zapovjedio. Drugim riječima, duhovni značaj žrtve paljenice je da se u potpunosti živi sa Božjom riječi i da Njemu žrtvujemo svaki aspekt našeg života na čist i svetao način.

U današnjim uslovima, to je izraz našeg srca koje obećava da će dati naše živote Bogu i Njegovoj volji prisustvom službi za Uskrs, za Praznik žetve, Praznik zahvalnosti, za Božić i u svaku nedjelju. Bogosluženje Bogu svake nedjelje i služenje molitve svake nedjelje, služi kao dokaz da smo mi Božja djeca i da naši duhovi pripadaju Njemu.

2. Žrtva za žrtvu paljenicu

Bog je zapovjedio da žrtva paljenica kao ponuda mora biti „muškarac bez mane", jer to simbolizuje savršenstvo. On želi muškarce jer bi oni generalno trebali biti više vjerni svojim principima nego što su žene. Oni ne osciliraju tamo i ovamo, sa lijeva na desno, nisu lukavi i kolebljivi. Takođe, činjenica da Bog želi da ponuda bude „bez mane", označava da neko Njega obožava u duhu i istini, a ne mora da ga obožava slomljenog duha.

Kada dajemo poklone našim roditeljima, oni će ih rado prihvatiti jer ih dajemo sa ljubavlju i pažnjom. Ako ih pak dajemo nerado, naši roditelji ih neće prihvatiti sa zadovoljstvom. Po istom principu, Bog neće prihvatiti bogosluženje koje se Njemu bez radosti ili sa umorom, pospanošću ili nemirnim mislima žrtvuje. On će radosno prihvatiti naše divljenje samo kada su dubine našeg srca ispunjene nadom za Nebesa, kao znak zahvalnosti za milost spasenja i ljubav našeg Gospoda. Tek tada će nam Bog pružiti put izbavljenja u vremenima iskušenja i nevolja i omogućiti napredak na svim našim putevima.

„Mladog bika" koga je Bog zapovjedio da se prinese u Levitskom Zakoniku 1:5 se odnosi na mlade bikove koji još uvijek nisu upareni, a duhovno se odnosi na čistotu i integritet

Isusa Hrista. Zbog toga, stih kaže da je Božja želja da dođemo pred Njim sa čistim i iskrenim srcem djeteta. On ne želi da se ponašamo djetinjasto ili nezrelo, ali želi da naše srce bude kao u djeteta, koje je jednostavno, poslušno i skromno.

Rogovi mladog junca još uvijek nisu porasla, tako da ne bodu i nisu zli. Ove osobine takođe su osobine Isusa Hrista, koji je nježan, skroman i krotak kao dijete. Kao što je Isus Hrist je besprijekoran i savršen Sin Božji, tako i žrtva koja se poredi sa Njim mora biti bez mane i mrlja.

U Malahiji 1:6-8 Bog strogo ukorava ljude Izraela koji Njemu dadoše pokvarene i nesavršene žrtve:

„Sin poštuje oca i sluga gospodara svog. Ako sam ja Otac, gdje je čast Moja? I ako sam Gospodar, gdje je strah moj?" veli GOSPOD nad vojskama vama, svještenici, koji prezirete ime Moje. I govorite: „U čem preziremo ime Tvoje?" „Donosite na Moj oltar hljeb oskvrnjen. I govorite: „Čim Te oskvrnismo?" Tim što govorite: „Sto je GOSPODNJI za preziranje." I kad donosite slijepo na žrtvu, nije li zlo? I kad donosite hromo ili bolesno, nije li zlo? Zašto ga ne odneseš starješini svom? Hoćeš li mu ugoditi? I hoće li pogledati na te?" veli GOSPOD nad vojskama.

Obožavanjem Boga u duhu i istini, moramo Njemu dati besprijekorne i savršene ponude bez mane.

3. Značaj u različitim vrstama žrtava

Bog pravde i milosti gleda u ljudska srca. Zbog toga, On nije zainteresovan za veličinu, vrijednost, odnosno cijenu ponude, već za mjeru pažnje i vjere kojom je svaka osoba dala žrtvu u skladu sa svojim mogućnostima. Kao što On kaže u 2. Poslanici Korinćanima 9:7: „Svaki po volji svog srca, a ne sa žalošću ili od nevolje; jer Bog ljubi onog koji dragovoljno daje," Bog rado prihvata kada mu dajemo veselo, a u skladu sa našim mogućnostima.

U 1. Levitskom Zakoniku, Bog detaljno objašnjava kako treba prinositi mlade bikove, janjad, koze i ptice. Kako je mlade bikove bez mane najprikladnije dati Bogu kao žrtve paljenice, postoje neki ljudi koji ne mogu priuštiti bikove. Zbog toga, u Njegovoj milosti i saželjenju, Bog je dozvolio ljudima da Njemu žrtvuju janjad, koze ili golubove, prema uslovima i mogućnostima svakog pojedinca. Kakav duhovni značaj ima to?

1) Bog prihvata žrtve date Njemu u skladu sa mogućnostima svake osobe.

Finansijska sposobnost i okolnosti zavise od ljudi do ljudi; mala količina za neke ljude može biti velika količina za druge. Iz ovih razloga, Bog rado prihvata jagnjad, koze ili golubove, prema mogućnostima svakog pojedinca. Ovo je Božja pravda i ljubav sa kojom je On dozvolio svima, bez obzira da li su bogati ili siromašni, da učestvuju u žrtvovanju, prema mogućnostima svakog pojedinca.

Bog neće rado prihvatiti kozu koja je data Njemu od nekoga ko može priuštiti bika. Međutim, Bog će rado prihvatiti i brzo odgovoriti na želje srca nekoga ko mu žrtvuje bika, kada sve što je mogao da priušti je jagnje. Kad god se prinese bik, jagnje ili koza, Bog kaže da je svaka „ugodna aroma" Njemu (Levitski Zakonik, 1:9, 13, 17). To znači, koliko god postoji razlika u stepenu date žrtve, kada dajemo Bogu iz dubine naših srca, za Boga koji gleda muškog srca, nema razlike, jer su svi ugodne arome Njemu.

U Jevanđelju po Marku 12:41-44 postoji scena u kojoj Isus pohvaljuje i siromašne udovice koje daju žrtvu. Dva mala bakarna novčića koje je dala bile su najmanje valutne jedinice u to vrijeme, ali za nju, oni su sve što su imala. Bez obzira koliko je mala žrtva, kada dajemo Bogu na najbolji mogući način i u radosti, to postaje žrtva kojom je On zadovoljan.

2) Bog prihvata obožavanje u skladu sa intelektom svake osobe.

Kada slušate Božiju riječ, primljeno razumijevanje i milost variraju u zavisnosti od intelekta, obrazovanja i znanja svakog pojedinca. Čak i tokom iste crkvene službe, u poređenju sa nekim ljudima koji su bistriji i koji su učili više, sposobnost da se razumije i zapamti Božija Riječ je manja za one koji nisu toliko inteligentni i nisu proveli puno vremena učeći. Kako Bog zna sve ovo, on želi svaka osoba u svom intelektu obožava iz dubine svog srca i razumije i živi uz Božiju Riječ.

3) Bog prihvata obožavanje u skladu sa godinama i mentalnim sposobnostima svake osobe.

Kako ljudi stare, njihovo pamćenje i razumijevanje posustaju. Zbog toga mnogi stariji ljudi nisu u stanju da razumiju ili da zapamte Božiju Riječ. I pored toga, kada se takvi ljudi posvete klanjaju iskrenog srca, Bog zna okolnosti svakog pojedinca i on će rado prihvatiti njihovo obožavanje.

Imajte na umu da kada osoba obožava okružen nadahnućem Svetoga Duha, Božja snaga će biti sa njim, čak i ako mu nedostaje mudrost ili znanje ili je star. Delima Svetoga Duha, Bog mu pomaže da shvati i da napravi hranu od Riječi. Dakle, ne odustajte govoreći, „Ja ne uspijevam" ili „Pokušao sam, ali još uvijek ne mogu ", nego budite sigurni da ćete se zalagati iz dubine svog srca i tražiti Božju snagu. Naš Bog ljubavi rado prihvata datu žrtvu u skladu sa najvećim naporom svake osobe, a prema okolnostima i uslovima svakog pojedinca. Upravo iz ovog razloga, On je u Levitskom zakoniku detaljno prikazao žrtve paljenice i proglasio Njegovu pravdu.

4. Žrtva bikova (Levitski Zakonik 1:3-9)

1) Mladi Bikovi bez defekta na ulazu u Šatora od sastanka

U šatoru su svetište i svetinja nad svetinjama. Samo svještenik može da uđe u svetište i samo najviši svještenik može da uđe u svetinju nad svetinjama jednom godišnje. To je razlog zašto obični ljudi, koji ne mogu ući na svetište, prinose žrtve paljenice mladih bikova na ulazu u šator od sastanka.

Međutim, kako je Isus uništio zid grijeha koji je stajao između Boga i nas, mi možemo sada imati direktan i intiman odnos sa Bogom. Ljudi su u vremenima Starog Zavjeta davali žrtve na ulazu u šator od sastanka. Ipak, kao što je Sveti Duh naše srce učinio Njegovim hramom, da živi u njemu i ima jedinstvo sa nama, danas, neki od nas su u Novom zavjetu dobili pravo da izađu pred Boga u svetinji nad svetinjama.

2) Polaganje ruku na glavu žrtve paljenice kako bi se očistio od grijeha i ubijanja

U Levitskom Zakoniku 1:4 mi na dalje čitamo: „I neka metne ruku svoju na glavu žrtvi paljenici, i primiće mu se, i očistiće ga od grijeha. I neka zakolje tele pred GOSPODOM." Polaganje ruku na glavu žrtve paljenice simbolizuje pripisivanje grijeha na žrtvu i tek onda će Bog dati oprost grijeha krvlju žrtve paljenice.

Polaganje ruku, pored pripisivanja grijeha, takođe označava blagoslov i pomazanje. Znamo da je Isus položio svoju ruku kada je blagosiljao djecu ili liječio bolesne od bolesti i slabosti. Polaganjem ruke, apostoli dozvoljavaju Duhu Svetom da bude primljen od strane naroda i pokloni postaju još obilniji. Isto tako, polaganje ruku označava da je objekat predat Bogu. Kada svještenik stavlja svoju ruku na razne žrtve, to znači da su oni predati Bogu.

Uloga blagoslova molitvom Oče naš na kraju bogosluženja ili na kraju službe ili molitve, je da Bog da rado prihvati te službe.

U Levitskom Zakoniku 9:22-24 postoji scena u kojoj visoki svještenik Aron „Tada podiže Aron ruke svoje prema narodu, i blagoslovi ih" nakon što je Bogu predao grijeh i žrtvu paljenicu prema načinu na koji je Bog to naložio. Nakon što smo održali sveti Gospodnji dan i završili službu sa blagoslovom, Bog će nas štititi od neprijatelja đavola i Sotone, kao i od iskušenja i nevolja i On će nam omogućiti da uživamo u preobilnim blagoslovima.

Šta to znači za čovjeka da zakolje mladog bika bez mane kao žrtvu paljenicu? Zato što je plata za grijeh smrt, čovjek ubija životinju u svoje ime. Mladi muški bik, koji još nije uparen, je divan kao nevino dijete. Bog je htio da svaka osoba daje žrtvu paljenicu kako bi ga ponudio srcem nevinog djeteta i kako više nikada ne ponovi grijeh. U tom smislu, On je htio da se svaka osoba pokaje za svoje grijehe i oslobodi svoje srce.

Apostol Pavle je bio svjestan šta Bog želi i zato, čak i nakon što je primio oprost svojih grijehova, odobrenje i snagu kao Božje dijete, on je "umirao svakodnevno". On je priznao u 1. Poslanici Korinćanima 15:31: „Svaki dan umirem, tako mi, braćo, vaše slave, koju imam u Hristu Isusu Gospodu našem," jer mi možemo ponuditi naše tijelo kao svetu i živu žrtvu Bogu tek nakon što smo odbacili sve što se protivi Bogu, kao što je srce neistina, arogancije, pohlepe, zatvor od sopstvenih misli, svoje sopstvene pravednosti i sve drugo što je zlo.

3) Svještenik posipa krv oko oltara

Nakon ubijanja mladog bika kome su prepisani grijesi osobe koja prinosi žrtvu, svještenik zatim prska krv oko oltara na ulazu u šator od sastanaka. Zbog toga što, kao što Levitski Zakonik 17:11 kaže: „Jer je duša tijelu u krvi; a ja sam vam je odredio za oltar da se čiste duše vaše; jer je krv što dušu očišća," krv simbolizuje život. Iz istog razloga je Isus prolio svoju krv da nas otkupi od grijeha.

„Okolo oltara" označava istok, zapad, sjever i jug ili jednostavnije „gdje god čovjek ide." Prskanje krvi „okolo oltara" znači da su grijesi čovjeka oprošteni gdje god da gazi. To znači da ćemo dobiti oproštaj grijehova počinjenih na bilo koji način i dobiti pravac kojim Bog želi da idemo, koji su daleko od pravaca koji moramo zasigurno izbjeći.

To je isto i danas. Oltar je propovjedaonica sa koje se iskazuje Božja riječ, a sluga Gospodnji koji vodi bogoslužje igra ulogu svještenika koji prska krv. Na bogoslužjenju, čujemo Božiju Riječ i sa vjerom i osnaženi krvlju našeg Gospoda, dobijamo oproštenje za sve ono što smo uradili, a što je suprotno volji Božijoj. Nakon što je jednom oprostio grijehe krvlju, mi moramo ići dalje gdje Bog želi da idemo i hodamo sa ciljem dalje od grijehova.

4) Skidanje kože i sječenje na dijelove žrtve paljenice

Životinja koja se nudi kao žrtva paljenica prvo moraju biti odrana, a zatim potpuno obuzeta vatrom. Koža životinje je teška, teška za potpuno spaljivanje, a kada se spali, vrlo loše miriše. Stoga, kako bi životinja bila žrtva paljenica sa ugodnom aromom, mora prvo biti odrana. Sa kojim se aspektom bogosluženja danas može porediti ta procedura?

Bog osjeća miris osobe koja ga obožava i On ne prihvataju ništa što nije taj miris. Da bi bogosluženje bilo ugodna aroma Bogu, moramo da „odbacimo izgled koji kojim se prikazujemo svijetu i da izađemo pred Boga na božiji i svetao način". Kroz naše živote prolazimo kroz različite aspekte života koji se ne mogu smatrati grješnim pred Bogom, ali su daleko od pobožnosti ili svetosti. Takve svjetovne pojave koje su bile u nama prije našeg života u Hristu mogu i dalje postojati, i ekstravagancija, sujeta i hvalisanje se mogu prikazati.

Na primjer, neki ljudi vole da idu u trgovine ili robne kuće da gledaju izloge, i oni idu i kupuju iz navike. Drugi su zavisnici od televizije ili od video igrica. Ako takve stvari obuzimaju naša srca, mi se razvijamo daleko od Božije ljubavi. Osim toga, ako ispitujemo sami sebe, mi ćemo biti u mogućnosti da pronađemo pojave neistine ukaljane od svijeta i pojave koje su nesavršene pred Bogom. Da bi bili savršeni pred Bogom, moramo odbaciti sve ovo. Kada dođemo sa poklonima pred Njega, prvo se moramo pokajati od svih takvih svetovnih aspekata života i naša srca moraju postati pobožnija i svetija.

Pokajanje grješnih, nečistih i nesavršenih pojava ukaljanih svijetom prije bogosluženja je ekvivalentno skidanju kože životinje koja se daje kao žrtva paljenica. Da bi se to ostvarilo, moramo pripremiti svoje srce da bude ispravno ranim dolaskom na bogosluženje. Budite sigurni da molitve dajete u znak zahvalnosti Bogu za Njegov oprost od svih grijehova i što vas štiti, i da molitvu pokajanja dajete time što ćete preispitati sebe.

Kada čovjek ponudi Bogu životinje koje su odrane, isječene na komade i zapaljene, Bog zauzvrat da čovjeku oproštaj prestupa i grehova, i dozvoljava svješteniku da koristi i preostalu kožu u svrhe koje on odobrava. „Sječenje na komade" se odnosi na kidanje glave neke životinje, nogu, bokova i zadnje četvrtine, na odvajanje svih iznutrica.

Kada služimo voće kao što su lubenice ili jabuke našim starijima, mi im ne dajemo cijelo voće; mi ih gulimo da izgledaju reprezentativno. Isto tako, kod davanja žrtava Bogu, mi ne palimo cijelu žrtvu, nego predstavimo žrtvu Njemu na uredno organizovan način.

Koji duhovni značaj „sječenje na komade" ima sa žrtvama?

Prvo, postoji kategorizacija različitih vrsta bogosluženja ponuđenih Bogu. Postoje službe u nedjelju ujutru i uveče, službe srijedom uveče i cjelonoćne službe petkom. Podjela službi bogosluženja je ekvivalentna „sječenju na komade" kod ovakvih žrtava.

Drugo, podjela sadržaja naših molitvi je ekvivalentna „sječenju na komade" kod ovakvih žrtava. Generalno, molitva je podjeljena na pokajanje i bjeg od zlih duhova, a zatim na molitvu zahvalnosti. Zatim se prelazi na teme crkve; izgradnju svetišta; na svještena lica i crkvene radnike; na obavljanje određenih poslova; na prosperitet duše; na želje svog srca i na završnu molitvu. Naravno, mi se možemo moliti dok hodamo ulicom, tokom vožnje ili tokom pauze. Možemo imati vremena za druženje u tišini dok razmišljamo o tome i meditiramo ka Bogu i našem Gospodu. Imajte na umu da je osim vremena meditacije i vremena za svaku molitvu jednako važno i sječenje žrtve na komade. Bog će tada rado prihvatiti i brzo odgovoriti na vašu molitvu.

Treće, „sječenju na komade" žrtve znači da je cijela Božija Riječ podjeljena u 66 knjiga. 66 knjiga Biblije u cjelini objašnjavaju život Boga i proviđenje spasenja kroz Isusa Hrista. Ipak, Božija Riječ je podeljena na pojedinačne knjige i Njegova je Riječ u svakoj knjizi uparena bez ikakvih međusobnih razlika. Kako je Božja Riječ podjeljena u različite kategorije, Božija volja se prenosi više sistematski i lakše je napraviti hljeb od toga.

Četvrto i najvažnije od svega, „sječenju na komade" žrtve znači bogoslužanje samo po sebi koje je i samo podjeljeno i koje se sastoji od različitih komponenti. Molitva pokajanja prije početka službe prati prvu komponentu, kratko vrijeme meditacije koje je priprema za početak službe, a služba se završava ili molitvom Oče naš ili blagoslovom. U međuvremenu, ne postoji samo proglašenje Božije Riječi, postoji i molitva zalaganja, pohvala, čitanje, žrtva i druge komponente. Svaki proces nosi svoj značaj, a bogosluženje u određenom redoslijedu je ekvivalentno sječenju žrtve u komade.

Baš kao što se kompletno spaljuju svi dijelovi žrtve paljenice, i mi se moramo posvetiti bogosluženju u potpunosti od početka do kraja. Polaznici ne bi trebalo da kasne na bogosluženje ili ustaju i napuštaju bogosluženje kako bi vodili računa o ličnim stvarima, ukoliko to zaista nije neophodno. Neki ljudi moraju da obavljaju određene poslove u crkvi, kao što je volontiranje ili služba pomoćnika i u takvim slučajevima smiju ranije napustiti svoje mjesto. Ljudi imaju želju da dođu na bogosluženje u srijedu uveče ili na noćno bogosluženje u petak, ali se može desiti da moraju raditi do kasno zbog posla ili zbog drugih neizbježnih okolnosti. Čak i tada, Bog će pogledati u njihova srca i primiti miris njihovog obožavanja.

5) Svještenik stavlja oganj na oltar i postavlja drva za vatru

Nakon rezanja žrtve na komade, svještenik mora da postavi sve dijelove na oltar i da ih stavi u plamen. Zato je svješteniku naloženo da „stavi oganj na oltar i postavi drva za vatru". Ovdje, „oganj" duhovno označava vatru Duha Svetoga, a „drva za vatru" se odnose na sadržaj i kontekst Biblije. Svaka riječ u okviru 66 knjiga Biblije treba da se koristi kao drva za ogrjev. „Postavljanje drva za vatru" je, u duhovnom smislu, pravljenje duhovnog hljeba od svake riječi sadržaja Biblije okruženih djelima Duha Svetoga.

Na primjer, u Jevanđelju po Luki 13:33, Isus kaže: „Ali danas i sutra i prekosutra treba mi ići; jer prorok ne može poginuti izvan Jerusalima." Pokušaj da se bukvalno shvati ovaj stih biće uzaludan, jer mi znamo da je mnogo naroda Božijeg, kao što su apostoli Pavle i Petar, umrlo „izvan Jerusalima". U tom stihu, međutim, „Jerusalim" se ne odnosi na fizički grad, već na grad koji nosi Božje srce i volju, koje je „duhovni Jerusalim", što je ustvari „Božja Riječ". Zbog toga, „jer prorok ne može poginuti izvan Jerusalim" znači da prorok živi i umire u granicama Božije Riječi.

Razumijevanje onoga što čitamo u Bibliji i poruke propovjedi koje slušamo tokom službe bogoslužena, je moguće samo uz nadahnuće Svetoga Duha. Svaki dio Božje Riječi koji je izvan ljudskog saznanja, misli i razmišljanja može se shvatiti kroz nadahnuće Svetoga Duha i onda možemo da vjerujemo u Riječi iz dubine naših srca. Sve u svemu, mi duhovno rastemo samo kada shvatimo Božju Riječ kroz djela i nadahnuće Svetoga Duha, jer se srce Božje prenosi na nas i hvata korijen u našim srcima.

6) Postavljanje dijelova, glave i loja preko drva koja se nalaze na ognju na oltaru

U Levitskom Zakoniku 1:8 čitamo: „Pa onda sinovi Aronovi svještenici neka namjeste dijelove, glavu i salo na drva na ognju, koji je na oltaru." Za žrtvu paljenicu, svještenik mora da postavi odsječene dijelove, kao što su glava i loj.

Paljenje glave žrtve označava spaljivanje svih misli neistina koje proističu iz naše glave. To je zato što naša misao potiče iz glave i većina grijeha počinje od glave. Ljudi ovoga svijeta neće osuditi nekoga kao grješnika, ako njegov grijeh nije prikazan na djelu. Ipak, kao što čitamo u 1. Jovanovoj Poslanici 3:15: „Svaki koji mrzi na brata svog krvnik je ljudski; i znate da nijedan krvnik ljudski nema u sebi vječni život", Bog i skrivanje mržnje naziva grijehom.

Isus je otkupio naše grijehe prije 2.000 godina. On nas je otkupio od grijeha koji smo mi počinili, ne samo našim rukama i nogama, već i u glavi. Isus je raspet kroz njegove ruke i noge, da bi nas otkupio od grijehova koje smo počinili našim rukama i nogama, a krunu od trnja je nosio da nas otkupi od grijeha smo počinili našim mislima koje potiču iz naših glava. Pošto su nam već oprošteni grijesi koje smo počinili našim mislima, ne moramo dati Bogu glavu životinje kao žrtvu. Umjesto glave životinje, moramo sagorijeti svoje misli u vatri Svetog Duha i mi to radimo izlivanjem misli o neistinama i razmišljanjem o istinama u svakom trenutku.

Kada štitimo istinu u svakom trenutku, mi više nećemo gajiti misli neistine ili beskorisne misli. Kao što Sveti Duh vodi ljude u odbacivanju loših misli, koncentriše ih na poruku i gravira je u naša srca u toku bogosluženja, oni će biti u stanju da ponudi Boga duhovno bogosluženje i On će to prihvatiti.

Dalje, loj, koja je teška mast životinje, izvor je energije i života. Isus je dao žrtvu do tačke prolivanja sve Njegove krvi i vode. Kada vjerujemo u Isusa kao našeg Gospoda, nemamo više potrebu da žrtvujemo Bogu kožu životinje.

Ipak, „vjerovanje u Gospoda" nije ispunjeni samo sa priznanjem sa usnama „Vjerujem". Ako zaista vjerujemo da nas je Gospod je otkupio od grijeha, moramo da odbacimo grijeh, da budemo transformisani od Božije Riječi i vodimo svete živote. Čak i u vremenima bogoslluženja, mi moramo izneti svu našu energiju - naše tijelo, srce, volju i najveći napor - i prinijeti Bogu duhovnu službu bogosluženja. Osoba koja iznese svu svoju energiju u bogosluženju neće samo skladištiti Božju Riječ u svojoj glavi, već će je ispuniti u svom srcu. Samo kada je Božja Riječ ispunjena u nečijem srcu to će postati život, snaga i blagoslovi u duhu i tijelu.

7) Svještenik umiva vodom crijeva i noge, i žrtvuje sve na oganj oltara

Dok su drugi dijelovi prineseni kao takvi, Bog zapovijeda da crijeva i noge, nečisti dijelovi životinje, budu oprani i prineseni. „Oprano sa vodom" se odnosi na pranje nečistote osobe koja žrtvuje. Koje nečistote tu treba oprati? Dok su ljudi u vremenima Starog Zavjeta čistili nečistoću sa žrtvama, ljudi u vremenima Novog Zavjeta treba da operu nečistotu srca.

U Jevanđelju po Mateju postoji scena u kojoj su Fariseji i pisari prekorili Isusove učenike zato što su jeli sa prljavim rukama. Njima je Isus rekao: „Ne pogani čovjeka šta ulazi u usta; nego šta izlazi iz usta ono pogani čovjeka" (stih 11). Efekat onoga što ulazi na usta završava se kada se razluči; međutim ono što izlazi iz usta potiče iz srca sa trajnim posledicama. Kako Isus nastavlja u stihovima 19-20: „Jer od srca izlaze zle misli, ubistva, preljube, kurvarstva, krađe, lažna svjedočanstva, hule. I ovo je što pogani čovjeka, a neumivenim rukama jesti ne pogani čovjeka," mi moramo da očistimo grijeh i zlobu srca sa Božjom Riječi.

Što je više Božja Riječ ušla u naša srca, tim će više grijeh i zlo biti eliminisano i očišćeno iz nas. Na primjer, ako osoba napravi hljeb ljubavi i živi po tome, mržnja će biti eliminisana. Ako osoba napravi hljeb humanosti, to će zamjeniti arogantnost. Ako osoba napravi hljeb od istine, laži i obmane će nestati. Što više osoba pravi hljeb od istine, tim će više moći da odbaci grješnu prirodu. Naravno, njegova vjera će stalno rasti i dostići će mjeru statue koja pripada ispunjenosti Hristom. Do mjere njegove vjere, Božja moć i vlast će ga pratiti. On neće samo dobiti želje njegovog srca, već će takođe i iskusiti blagoslove u svakom aspektu života.

Tek nakon što su oprana crijeva i noge i postavljena na oganj ona će odati umirujuću aromu. Levitski Zakonik 1:9 ovo opisuje kao: „to je žrtva paljenica, žrtva ognjena na ugodni miris GOSPODU." Kada mi dajemo Bogu službu duhovnog bogosluženja u duhu i istini u skladu sa Njegovom Riječju o žrtvama paljenicama, to bogosluženje će biti žrtva sa ognjem sa kojim je Bog zadovoljan i koji može da donese Njegove odgovore. Naše srce koje bogosluži će biti umirujuća aroma pred Bogom i ako je On zadovoljan, On će nam dati napredak u svakom aspektu našeg života.

5. Žrtva ovaca ili koza (Levitski Zakonik 1:10-13)

1) Mlado muško jagnje ili koza bez mane

Slično sa žrtvama bikova, bilo da je ovca ili koza, žrtva mora da bude mladi mužjak bez mana. U duhovnim izrazima, davanje žrtve se odnosi na bogosluženje pred Bogom sa savršenim srcem označeno radošću i zahvalnošću. Bog zapovjeda da žrtva mužjaka znači: „bogosluženje sa razrešenim srcem bez kolebanja." Dok se žrtva može razlikovati od finansijskih okolnosti svake osobe, stav osobe koja daje žrtvu mora uvijek da bude svet i savršen u odnosu na žrtvu.

2) Žrtva mora biti ubijena na sjevernoj strani oltara, a svještenik prska njenu krv na četiri strane oltara

Kao što je slučaj sa žrtvama bikova, namjena prskanja životinjske krvi na četiri strane oltara je primanje oproštaja za grijehove počinjene svuda - na istoku, zapadu, sjeveru i na jugu. Bog je dozvolio da se održava pokajanje sa krvlju prinesenih životinja Njemu umjesto sa ljudima.

Zašto je Bog zapovjedio da žrtva bude ubijen na sjevernoj strani oltara? „Put sjevera" ili „sjeverna strana" duhovno simbolizuje hladnoću ili tamu; to je izraz koji se odnosi na nešto što Bog kažnjava ili prekorava i sa čim On nije zadovoljan.

U Jeremiji 1:14-15, mi čitamo:

„Sa sjevera će navaliti zlo na sve stanovnike ove zemlje. Jer, gle, ja ću sazvati sve porodice iz sjevernih carstava," veli GOSPOD; „te će doći, i svaki će metnuti svoj prijesto na vratima jerusalimskim i oko svih zidova njegovih i oko svih gradova Judinih."

U Jeremiji 4:6, Bog nam govori: „Bježite i ne stajte, jer Ja ću dovesti zlo od sjevera i pogibao veliku." Kako vidimo u Bibliji, „put sjevera" označava Božju kaznu i prijekor i kao takav, životinja na koju su podmetnuti svi grijehovi čovjeka mora biti ubijena „na sjevernoj strani," simbol kletve.

3) Žrtva je isječena na komade sa glavom i lojem raspoređenim na drvetu; crijeva i noge su oprane vodom; sve je to prineseno na oganj oltara.

Na isti način kao sa žrtvama bikova, žrtva paljenica ovce ili koze može takođe biti data Bogu kako bi se dobio oproštaj od grijehova koje smo počinili sa našim glavama, rukama ili nogama. Stari Zavjet je kao sjenka a Novi Zavjet je kao oblik. Bog želi da mi dobijemo oproštaj od grijehova koji se ne odnose samo na djela, već sa našim srcima koja su obrezana i sa životom u skladu sa Njegovom Riječju. To je ponuditi žrtvu Bogu na duhovnoj službi bogosluženja sa svim našim tijelom, srcem i voljom, pravljenje hljeba od Božje Riječi sa inspiracijom Svetog Duha kako bi odbacili neistine i živjeli u skladu sa istinom.

6. Žrtve ptica (Levitski Zakonik 1:14-17)

1) grlica ili mladi golub

Grlice su najkrotkije i najpametnije od svih ptica i dobro slušaju ljude. Kako je njihovo meso mekano i kako su u stvari veoma korisne za čovjeka, Bog je zapovijedio da grlice ili mladi golubovi budu prineseni. Među grlicama, Bog je želio da mlade grlice budu prinesene zato što je On želio da primi čiste i krotke žrtve. Ove osobine mladih grlica simbolizuju poniznost i pokornost Isusa koji je postao žrtva.

2) Svještenik donosi žrtvu na oltar, lomi vrat, kida njegova krila ali ih ne razdvaja; svještenik ga žrtvuje na oganj oltara sa iscijeđenom krvlju na strani oltara

Pošto su mlade grlice po veličini veoma male, one ne mogu da budu ubijene i isječene na komade i samo mala količina krvi može da se iz njih prolije. Iz tog razloga, za razliku od drugih životinja koje su ubijene na oltaru put sjevera, njihova glava se lomi dok se krv cijedi iz njih; ovaj dio takođe uključuje polaganje ruke na glavu grlice. Pošto krv žrtve mora da se prolije okolo oltara, ceremonija pokajanja se događa samo sa cijeđenjem njene krvi na strani oltara zato što grlice imaju malu količinu krvi.

Šta više, zbog njene male građe, da je grlica trebalo da bude isječena na komade njen oblik bi bio neprepoznatljiv. Zbog toga je vidljivo kidanje grlice sa krilima, a ne kidanje krila od tijela. Za ptice, krila su njihov život. Činjenica da je grlica sa krilima pokidana simbolizuje da je čovjek u potpunosti predao sebe Bogu i da je čak dao svoj život za Njega.

3) Žrtvovanje tijela sa perjem bačeno pored istočne strane oltara gdje je smješten pepeo

Prije postavljanja žrtve ptice na oganj kao žrtvu, ptičje tijelo sa perjem je odbačeno. Dok su iznutrice bikova, jagnjad i koza ne odbacuju već se pale nakon što su oprane vodom, a pošto je teško očistiti uzano tijelo grlice i iznutrice, Bog je dozvolio da one budu odbačene. Činjenica da se odbacuju tijela grlice sa perjem, kao i čišćenje nečistih dijelova bikova i jagnjad, simbolizuje čišćenje naših nečistih srca i ponašanje iz prošlosti i zlo uz bogosluženje Bogu u duhu i istini.

Ptičije tijelo sa perjem mora biti bačeno pored istočne strane oltara na mjestu gdje je pepeo. Mi čitamo u Postanku 2:8 da je Bog: „i nasadi Gospod Bog vrt u Edemu na istoku." Duhovno značenje „istoka" je mjesto okruženo svjetlošću. Čak i u zemlji na kojoj mi živimo, na istoku je smjer gdje izlazi sunce i jednom kada sunce izađe, tama i noć nestaju.

Koje značenje ima odbacivanje tijela sa perjem ptice kraj istočne strane oltara?

To simbolizuje naš dolazak pred Bogom, koji je Svetlost, nakon što odbacimo nečistotu grijeha i zlo dok dajemo Bogu žrtvu paljenicu. Kao što čitamo u Poslanici Efežanima 5:13: „A sve za šta se kara, vidjelo objavljuje; jer sve što se objavljuje, vidjelo je," mi odbacujemo nečistotu grijeha i zlo koje smo otkrili i postali smo Božja djeca kad smo stali ispred Svjetlosti. Prema tome, odbacivanjem nečistote žrtve na istoku duhovno znači kako smo, mi koji smo živjeli u sredini duhovne nečistoće -

grijeha i zla, odbacili grijeh i postali Božja djeca.

Kroz žrtve paljenice bikova, jagnjad, koza i ptica, mi sada možemo da razumijemo Božju ljubav i pravdu. Bog je zapovijedio žrtve paljenice zato što je želio da ljudi Izraela žive svakog trenutka u direktnom i prisnom odnosu sa Njim dok Njemu uvijek prinose žrtve paljenice. Kada se vi sjetite ovoga, ja se nadam da ćete vi bogoslužiti u duhu i istini i da nećete samo održavati Gospodnji Dan svetim, već ćete prinijeti Bogu umirujuću aromu svih 365 dana u godini. Onda će Naš Bog koji je obećao: „Tješi se GOSPODOM, i učiniće ti šta ti srce želi" (Psalmi 37:4), će nas obasuti napretkom i čudesnim blagoslovima ma gdje god da pođemo.

Poglavlje 4

Žrtva brašna

„A kad ko hoće da prinese na žrtvu GOSPODU dar, bijelo brašno neka bude žrtva njegova, i neka je polije uljem i mjetne na nju kad."

Levitski Zakonik 2:1

1. Značaj žrtve brašna

Levitski Zakonik 2 objašnjava o žrtvi brašna i kako treba da se žrtvuje Bogu kako bi mogla da bude sveta žrtva sa kojom je On zadovoljan.

Kako mi čitamo u Levitskom Zakoniku 2:1: „A kad ko hoće da prinese na žrtvu GOSPODU dar, bijelo brašno neka bude žrtva njegova, i neka je polije uljem i metne na nju kad," žrtva brašna je žrtva data Bogu sa sitno mljevenim zrnima. To je žrtva zahvalnosti Bogu koji nam je dao život i koji nam daje svakodnevni hljeb. U današnjim uslovima, to označava žrtvu zahvalnosti za vrijeme nedjeljne službe bogoslužеnja Bogu što nas je zaštitio u protekloj nedjelji.

U žrtvama datim Bogu, kao žrtve grijeha, neophodno je prolivanje krvi kod takvih životinja kao što su bikovi ili jagnjad. To je zato što praštanje naših grijehova kroz prolivanje krvi životinja obezbeđuje isporuku naših molitvi i preklinjanje Svetog Boga. Međutim, žrtva brašna je žrtva zahvalnosti koja ne zahtjeva zasebno prolivanje krvi uopšte i daje se uz žrtvu paljenicu. Ljudi su davali Bog svoje plodove i ostale dobre stvari od zrna koje su požnjeli kao žrtvu brašna jer im je On dao sjeme sa kojim su posijali, dao je hranu i štitio ih sve do vremena žetve.

Brašno je obično dato kao žrtva brašna. Meko brašno, ispečeni hljeb i rano sazrele svježe glavice zrna su bile korišćene i sve žrtve su bile začinjene sa uljem i solju i dodat im je tamjan. Onda su pune šake žrtava bile žrtvovane na ognju da bi Bogu ugodile sa aromom.

Mi čitamo u Izlasku 40:29: „I oltar za žrtvu paljenicu namjesti na vrata od šatora, šatora od sastanka, i prinese na njemu žrtvu paljenicu, i dar, kao što bijaše zapovjedio GOSPOD Mojsiju." Bog je zapovjedio da kada se daje žrtva paljenica, žrtva brašna u isto vrijeme treba da bude prinesena. Prema tome, mi ćemo dati Bogu potpunu svetu službu bogosluženja samo samo kada Njemu damo žrtvu zahvalnosti na nedjeljnoj službi bogosluženja.

Etimologija „žrtve brašna" je „žrtva" i „dar." Bog ne želi da mi prisustvujemo službi bogosluženja praznih ruku već da demonstriramo u djelima srce zahvalnosti dok Mu dajemo žrtve zahvalnosti. Iz ovog razloga On nam govori u 1. Solunjanima Poslanici 5:18: „Na svačemu zahvaljujte; jer je ovo volja Božja u Hristu Isusu od vas" i u Jevanđelju po Mateju 6:21: „Jer gdje je vaše blago, ondje će biti i srce vaše."

Zašto mi moramo da dajemo zahvalnost u svemu i prinosimo Bogu žrtvu brašna? Prvo, cijelo čovječanstvo je bilo na putu uništenja zbog Adamove nepokornosti, ali Bog je dao Isusa kao žrtvu za naš grijeh. Isus je nas iskupio od grijeha i kroz Njega mi smo stekli vječni život. Pošto je Bog, koji je stvorio sve u univerzumu i čovjeka, sada naš Otac, mi možemo da uživamo u vlasti kao Božja djeca. On nam je dozvolio da posjedujemo vječna Nebesa i kako bi postojao drugi način osim da Njemu dajemo zahvalnost?

Bog nam je takođe dao sunce i kontroliše kiše, vjetrove i klimu u kojoj mi uživamo kako bi ubrali obilne plodove kroz koje nam On daje svakodnevni hljeb. Mi moramo da damo Njemu zahvalnost. Šta više, Bog je taj koji nas štiti od ovog svijeta u kojem grijeh, nepravednost, bolesti i nesreće obiluju. On odgovara na naše molitve žrtvovane sa vjerom i On nas uvijek blagosilja da vodimo trijumfalan život. Tako da opet, kako da Njemu ne damo zahvalnost!

2. Žrtvovanje u žrtvi brašna

U Levitskom Zakoniku 2:1, Bog govori: „A kad ko hoće da prinese na žrtvu GOSPODU dar, bijelo brašno neka bude žrtva njegova, i neka je polije uljem i metne na nju kad." Žrtve brašna predate Bogu kao žrtva brašna mora biti fino samljeveno. Božja zapovjest da žrtve brašna budu „fina" označava vrstu srca sa kojom mi moramo da mu prinesemo žrtve. Da bi napravili sitno mljveno brašno, zrna prolaze kroz različite procese uključujući ljuštenje, mljevenje i sijanje. Sve ovo zahtjeva mnogo napora i pažnju. Boja hrane napravljena od brašna je lijepa na izgled i mnogo je ukusnija.

Duhovni značaj iza Božje zapovijesti da žrtva brašna „bude od mekog brašna" znači da će Bog prihvatiti pripremljenu žrtvu sa najvećom pažnjom i zadovoljstvom. On rado prihvata kada demonstriramo u djelima srce zahvalnosti, ne samo kada se zahvalimo sa našim usnama. Prema tome, kada dajemo desetak ili žrtve zahvalnosti, mi moramo da budemo sigurni da smo dali svim srcem kako bi Bog to rado prihvatio.

Bog je vladaoc svih stvari i On zapovjeda čovjeku da Njemu

prinese žrtve, ali to nije zato što Njemu nešto nedostaje. On ima moć da uveća bogatstvo svake osobe i da oduzme imovinu od svakoga. Razlog zbog kojeg Bog želi da primi žrtve od nas je kako bi nas On još više i obilnije blagoslovio kroz žrtve koje Njemu dajemo sa vjerom i u ljubavi.

Kao što nalazimo u 2. Poslanici Korinćanima 9:6: „Koji s tvrđom sije, s tvrđom će i požnjeti; a koji blagoslov sije, blagoslov će i požnjeti," žetva u odnosu sa tim koliko neko sije je zakon duhovnog kraljevstva. Kako bi nas On mogao blagosloviti čak i još obilnije, Bog nas uči da Njemu dajemo žrtve zahvalnosti.

Kada mi vjerujemo u ovu činjenicu i prema tome prinesemo žrtve, mi sasvim prirodno moramo da dajemo svim srcem, baš kao što bi dali Bogu žrtve mekog brašna i mi moramo da Njemu damo najdragocijeniju od žrtava koje su bezgriješne i čiste.

„Meko brašno" takođe označava Isusovu prirodu i život, koja su oba sama po sebi savršena. To nas takođe uči da kao što se najviše trudimo da sa velikom pažnjom napravimo meko brašno, mi moramo da vodimo naše živote u teškom radu i poslušni.

Kada su prinosili žrtve brašna sa brašnom od zrna, nakon što su pomiješali brašno sa uljem i pekli u peći ili su ga sipali na rešeto, ili na tiganj da ga ispeku, onda su ga ljudi žrtvovali na oganj oltara. Činjenica da su žrtve brašna prinesene na različite načine označava način na koji su ljudi živjeli život kao što su i razlozi za davanje zahvalnosti bili svi drugačiji.

Drugim riječima, pored razloga za koje mi dajemo zahvalnost u nedjelju, mi možemo dati zahvalnost što smo dobili blagoslove i odgovore na želje našeg srca; što smo prevazišli iskušenja i testove sa vjerom; i tako dalje. Međutim, baš kao što nam je Bog zapovjedio da „u svemu dajemo zahvalnost," mi moramo da potražimo razlog da bi bili zahvalni i damo zahvalnost u skladu sa time. Samo onda će Bog prihvatiti miris naših srca i uvjeriće nas da razlozi zbog kojih dajemo zahvalnost obiluju u našim životima.

3. Davanje žrtve brašna

1) Žrtva brašna i meko brašno sa uljem i tamjanom na njemu

Dodavanjem ulja u meko brašno će načiniti da brašno postane bolje i napraviće se odličan hljeb, dok stavljanje tamjana na hljeb će poboljšati kompletan kvalitet žrtve i izgled. Kada se to donese pred svještenika, on uzima punu šaku mekog brašna sa uljem i tamjanom i žrtvuje ga na oganj oltara. Ovo je kada nastaje umirujući miris.

Koji značaj ima dodavanje ulja na brašno?

„Ulje" se ovdje odnosi na mast životinja ili na ulje izdvojeno iz biljaka. Miješanje mekog brašna sa „uljem" označava da mi moramo da damo svu našu energiju - sav naš život - u davanju žrtava Bogu. Kada mi bogoslužimo Bogu ili Njemu prinosimo žrtve, Bog nam daje inspiraciju i ispunjenost Svetom Duhom i dozvoljava nam da vodimo živote u kojem mi imamo direktan i prisan odnos sa Njim. Sipanje ulja simbolizuje da kada dajemo nešto Bogu, mi moramo to da dajemo Njemu sa svim našim srcem.

Šta znači da se stavi tamjan na žrtvu?

Mi čitamo u Poslanici Rimljanima 5:7: „Jer jedva ko umre za pravednika; za dobroga može biti da bi se ko usudio umreti. Ipak, u skladu sa Božjom voljom Isus je umro za nas, koji smo niti pravedni niti dobri već grješni. Sada, koliko umirujuća aroma bi Isusova ljubav bila prema Bogu? Tako je Isus uništio vlast smrti, vaskrsao, seo sa desne strane Boga, postao Kralj nad kraljevima i postao neprocjenljiv miris pred Bogom.

Poslanica Efežanima 5:2 nam zapovjeda: „živite u ljubavi, kao što je i Hristos ljubio nas, i predade sebe za nas u prilog i žrtvu Bogu na slatki miris. Kada je Isus prinesen Bogu kao žrtva On je bio kao žrtva koja je bila sa tamjanom na njoj. Prema tome, kako smo dobili Božju ljubav, mi također moramo da prinesemo sebe kao miris i umirujuću aromu, baš kao što je Isus to učinio.

„Staviti tamjan na meko brašno" znači da baš kao što je Isus veličao Boga sa mirisnom aromom kroz Njegovu prirodu i djela, mi moramo da živimo po Božjoj Riječi svim našim srcem i veličamo Njega dok iz nas izvire miris Hrista. Samo kada Bogu prinesemo žrtve zahvalnosti dok izvire iz nas miris Hrista, naše žrtve će postati žrtve brašna vrijedne Božjeg prihvatanja.

2) Bez dodavanja kvasca ili meda

U Levitskom Zakoniku 2:11 čitamo: „Nijedan dar koji prinosite GOSPODU da ne bude s kvascem; jer ni kvasac ni med ne treba da palite na žrtvu ognjenu GOSPODU." Bog je zapovjedio da se ne dodaje kvasac u žrtvi hljeba Bogu, zato što kao što kvasac vrije u tijestu napravljenom od brašna, duhovni

„kvasac" će takođe pokvariti i upropastiti žrtvu.

Nepromjenljiv i savršen Bog želi da naše žrtve ostanu nekorumpirane i žrtvovane Njemu kao što je samo meko brašno - iz dubina naših srca. Prema tome, kada prinosimo žrtve mi moramo da ih prinesemo sa nepromjenjenim, čistim i neokaljanim srcem i u zahvalnosti za ljubav i vjeru u Boga.

Kada daju žrtve, neki ljudi razmišljaju o tome kako ih drugi ljudi doživljavaju i prinose samo iz čiste formalnosti. Drugi prinose sa srcem ispunjenim tugom i brigom. Ipak, kako nas je Isus upozorio na veliki uticaj Fariseja što je licemjerje, ako mi prinosimo dok se pretvaramo da smo sveti po spoljašnosti i težimo ka priznanju od strane drugih, naše srce će biti kao žrtva brašna koju je pokvario kvasac i to neće imati ništa sa Bogom.

Prema tome, mi moramo da prinesemo bez ikakvog kvasca i iz dubina naših srca u ljubavi i zahvalnosti prema Bogu. Mi ne treba da prinosimo nevoljno ili u sredini tuge i briga bez vjere. Mi moramo da dajemo obilno sa čvrstom vjerom u Boga koji će prihvatiti žrtvu i blagosloviti nas u duhu i tijelu. Da bi nas naučio duhovnom značenju, Bog je zapovjedio da ni jedna žrtva ne treba da bude napravljena od kvasca.

Međutim, postoje vremena kada je Bog dozvolio da Njemu prinesemo žrtve napravljene od kvasca. Ove žrtve nisu stavljane na oganj već svještenik maše nazad i napred na oltaru kako bi izrazio prinos žrtve Bogu i vraća ih nazad kako bi ih ljudi podijelili i pojeli. Ovo je nazvano „žrtva mahanja" kojoj je, za razliku od žrtve brašna, bilo dozvoljeno da se doda kvasac kada su se procedure promjenile.

Na primjer, ljudi od vjere će prisustvovati službama bogoslužanja ne samo nedjeljom već takođe i na druge službe. Kada ljudi sa slabom vjerom posjećuju nedjeljne službe a ne i cjelonoćne službe petkom i vječernje službe srijedom, Bog neće smatrati griješnim njihovo ponašanje. Što se tiče postupaka, dok njedeljne službe prate stroga pravila, službe bogoslužanja sa grupama članova ili u domovima sa članovima crkve, iako ona takođe prate osnovnu strukturu koja sadrži prenošenje poruke, molitve i hvalospjeva, postupak može biti prilagođen u zavisnosti od okolnosti. Držeći se osnovnih i neophodnih pravila, činjenica da Bog dozvoljava prostor sa malo fleksibilnosti u zavisi od nečijih okolnosti ili mjere vjere je duhovni značaj davanja žrtava napravljenih od kvasca.

Zašto je Bog zabranio dodavanje meda?

Baš kao i kvasac, med takođe može da naruši svojstvo brašna. Med se ovde odnosi na sladak sirup koji datira i koji je proizveden u Palestini i lako može da prevrije i dovede do buđanja. Iz ovog razloga Bog je zabranio kvarenje brašna sa dodavanjem meda. On nam je takođe rekao da kada Božja djeca Njemu bogosluže ili Njemu prinose žrtve, mi moramo to učiniti sa srcem koje ne vara niti koje se mijenja.

Ljudi će možda misliti da će sa dodavanjem meda žrtva izgledati mnogo ljepše. Bez obzira koliko lijepo nešto čovjeku izgleda, Bog je zadovoljan da primi ono što je On zapovjedio i ono što je čovjek Njemu obećao. Neki ljudi privremeno obećavaju da će prinijeti Bogu nešto posebno ali kada se okolnosti promjene, oni sami mijenjaju mišljenje i prinose nešto drugo. Ipak, Bog se gnuša kada ljudi mijenjaju mišljenje koje se tiče nečega što je Bog zapovjedio, ili kada mijenjaju mišljenje koje se tiče obećanja da bi stekli sopstvenu korist kada su djela Svetog Duha uključena. Prema tome, ako je osoba obećala da će žrtvovati životinju, ona neophodno mora da je žrtvuje Bogu kao što je zapisano u Levitskom Zakoniku 27:9-10 gdje čitamo: „Ako bi zavjetovao živinče od onih što se prinose GOSPODU, šta god da GOSPODU, sveto je. Da ga ne promijeni ni dade drugo za ono, ni dobro za rđavo, ni rđavo za dobro; ako li bi kako promjenio živinče, onda će biti sveto i ono i drugo koje je dao za ono."

Bog želi da Njemu dajemo čistog srca ne samo kada prinosimo žrtve, već u svemu. Ako postoji kolebanje ili prevara u nečijem srcu, neprihvatljivo ponašanje prema Bogu će se ispoljiti na račun takvih osobina.

Na primjer, kralj Saul je zanemario Božje zapovjesti i promijenio ih je po svom nahođenju. Stoga, on se nije pokorio Bogu. Bog je zapovjedio Saulu da uništi Amalikanskog kralja sve ljude i sve životinje. Međutim, nakon što je pobjedio u ratu uz Boju moć, kralj Saul nije pratio Božje zapovijesti. On je poštedeo i vratio kralja Agaga i najbolje životinje. Čak i nakon što je bio prekoren, Saul se nije pokajao već je ostao nepokoran i na kraju je bio zaboravljen od Boga.

Brojevi 23:19 nam govore: „Bog nije čovjek da laže, ni sin čovječji da se pokaje, šta kaže neće li učiniti?" Kako bi Bog uživao u nama, naša srca moraju biti transformisana u čisto srce. Bez obzira kako će dobro nešto izgledati čovjeku i njegov način razmišljanja, on nikada ne smije da čini ono što Bog zabranjuje i ovo nikada ne smije da se mijenja čak i kada vrijeme prolazi. Kada se čovjek povinuje Božjoj volji sa čistim srcem i nepromjenjim srcem, Bog će biti oduševljen. On će prihvatiti njegove žrtve i blagosloviće ga.

U Levitskom Zakoniku 2:2 čitamo: „Samo u žrtvi od prvina možete prinijeti to GOSPODU; ali na oltar ne mećite za ugodni miris." Žrtva mora biti mirisna aroma koju će Bog rado prihvatiti. Ovdje, Bog nam govori da žrtva brašna ne smije da bude smještena na oltaru isključivo za namjenu žrtve na ognju i da iz nje proizilazi aroma. Namena našeg davanja žrtve brašna nije u djelima, već u žrtvom predatom Bogu miris našeg srca.

Bez obzira koliko dobrih stvari je žrtvovano, ako nije žrtvovano sa vrstom srca sa kojom će Bog biti zadovoljan, to će možda biti mirisna aroma za čovjeka ali ne i za Boga. Ovo je slično načinu kako će dječiji pokloni za roditelje darovani sa srcem punim zahvalnošću i ljubavlju za milost što su ih rodili i podigli ih u ljubavi, a ne iz čiste formalnosti, biti izvor iskrene radosti za roditelje.

Na isti način, Bog ne želi da mi po navici dajemo i da uvjeravamo sebe sa riječima: „Uradio sam ono što je trebalo da uradim," već da izvire miris iz našeg srca ispunjen vjerom, nadom i ljubavlju.

3) Začiniti solju

Mi čitamo u Levitskom Zakoniku 2:13: „A svaki dar koji prinosiš osoli solju, i nemoj ostaviti dar svoj bez soli zavjeta Boga svog; sa svakim darom svojim prinesi soli." So se topi i spriječava hranu od njenog kvarenja a kada se stavlja kao začin, hrani daje ukus.

„Začiniti solju" duhovno označava „načiniti mir." Baš kao što so mora da se istopi da bi začinila hranu, imati ulogu soli sa kojom mi možemo da napravimo mir zahtjeva samo po sebi žrtvu smrti. Prema tome, Božja zapovjest da žrtva brašna bude začinjena sa solju znači da mi moramo da prinesemo žrtve Bogu žrtvujući sebe da bi načinili mir.

Sa tim ciljem, mi moramo najprije prihvatiti Isusa Hrista i biti u miru sa Bogom dok se borimo do tačke prolivanja krvi da bi odbacili grijeh, požudu i našu starost.

Pretpostavimo da neko samovoljno počini grijehove, što će Bog smatrati odvratnim a onda prinosi Bogu žrtvu bez pokajanja od njegovih grijehova. Bog neće rado prihvatiti žrtvu zato što je mir između osobe i Boga već bio narušen. Zbog toga je u Psalmima zapisano: „Da sam vidio u srcu svom bezakonje, ne bi me uslišio GOSPOD" (Psalmi 66:18) Bog će rado prihvatiti ne samo našu molitvu već takođe i naše žrtve samo kada smo se udaljili od grijeha, napravili mir sa Njim i Njemu dali žrtve.

Napraviti mir sa Bogom zahtjeva da svaka osoba napravi žrtvu smrti od sebe. Baš kao što je Apostol Pavle priznao: „Ja umirem svakodnevno," samo kada se osoba odrekne od sebe i napravi žrtvu smrti od sebe, može da postigne mir sa Bogom.

Mi takođe moramo da budemo u miru sa našom braćom i sestrama u vjeri. Isus nam govori u Jevanđelju po Mateju 5:23-24: „Zato dakle ako prineseš dar svoj k oltaru, i onde se opomeneš da brat tvoj ima nešto na te, ostavi onde dar svoj pred oltarom, i idi prije te se pomiri s bratom svojim, pa onda dođi i prinesi dar svoj." Bog neće rado prihvatiti našu žrtvu ako smo počinili grijeh, činili u zlobi i mučili našu braću i sestre u Hristu.

Čak iako nam je brat učinio zlo, mi ne treba da ga mrzimo ili da gunđamo protiv njega, već moramo da oprostimo i imamo mir sa njim. Bez obzira na razloge, mi ne možemo da budemo u svađi ili zavadi, ili da povrijeđujemo ili kunemo našu braću i sestre u Hristu da se spotaknu. Samo nakon što smo napravili mir sa ljudima i naša srca ispunili sa Svetom Duhom, radošću i zahvalnošću, naše će žrtve biti „začinjene solju."

Takođe, u Božjoj zapovjesti „začinite solju" je srž zavjeta, kao što nalazimo u „so zavjeta vašeg Boga." So je izvučena iz vode okeana i voda označava Božju Riječ. Baš kao što nam so uvijek daje slani ukus, Božja Riječ je zavjet koji se takođe nikada ne mijenja.

„Začinjeno solju" žrtve koje dajemo znači da mi moramo da vjerujemo u nepromjenljivi zavjet vjernog Boga i damo ih cijelim srcem. U davanju žrtava zahvalnosti, mi moramo da vjerujemo da će Bog uzvratiti potisnute, zajedno uzdrmane i pregažene i blagosloviti nas 30, 60 i 100 puta više od onoga što smo dali.

Neki ljudi kažu: „Ja ne dajem da bi očekivao da ću dobiti blagoslove već tek tako." Ipak, Bog je zadovoljan sa vjerom osobe koja ponizno traži Njegove blagoslove. Poslanica Jevrejima 11 nam govori da kada je Mojsije napustio mjesto princa Egipta, on je „tražio nagradu" koju je Bog trebao da mu da. Naš Isus, koji je takođe tražio nagradu, nije mario za poniženje na krstu. Gledajući na veliki plod - slava sa kojom je Bog trebao da izlije na Njega i za spasenje čovječanstva - Isus je lako mogao da izdrži jezivu kaznu krsta.

Naravno, nečije „traženje nagrade" se u potpunosti razlikuje od preračunatog srca drugoga koji očekuje da će dobiti nešto zauzvrat zato što je već nešto dao. Čak iako ne postoji nagrada, osoba u svojoj ljubavi prema Bogu može biti spremna da da čak i svoj život. Međutim, razumno srce našeg Oca Boga koji želi da ga blagoslovi i da vjeruje u Božju moć, kada čovjek traži blagoslove, njegova djela će udovoljiti Bog čak i više. Bog je obećao da će čovjek požnjeti ono što je posijao i da će On dati onima koji traže. Bog je zadovoljan našim prinosima žrtava u našoj vjeri u Njegovu Riječ kao i našom vjerom sa kojom mi tražimo Njegove blagoslove u skladu sa Njegovim obećanjem.

4) Ostatak žrtve brašna pripada Aronu i njegovim sinovima

Dok je žrtva paljenica u cjelosti prinesena na oganj oltara, žrtva brašna je donošena svješteniku i samo je dio žrtvovan Bogu na ognju oltara. Ovo znači da iako smo u potpunosti dali Bogu različite vrste služe bogosluženja, žrtve zahvalnosti - žrtva brašna - su date Bogu kako bi mogle biti iskorišćene za Božje kraljevstvo i pravednost, a njihov dio treba da bude iskorišćen za svještenike, koji su danas sluge Gospoda i radnici u crkvi. Kao što nam

Poslanica Galaćanima 6:6 govori: „A koji se uči riječi neka daje dio od svakog dobra onome koji ga uči," kada članovi crkve koji su dobili milost od Boga prinose žrtve zahvalnosti, Božje sluge koji uče Riječ djele žrtve zahvalnosti.

Žrtva brašna je data Bogu zajedno sa žrtvama paljenicama i služi kao primjer života u služenju koji je Sam Hrist vodio. Prema tome, mi moramo sa vjerom da prinosimo žrtve sa svim našim srcem i sobom. Ja se nadam da će svaki čitalac bogoslužiti na način koji je prikladan u skladu sa Božjom voljom i dobiti obilne blagoslove svaki dan dok odaje Bogu mirisne žrtve sa kojim je On zadovoljan.

Poglavlje 5

Žrtva zahvalnosti

„Kad ko prinosi žrtvu zahvalnu, ako od goveda prinosi, muško ili žensko neka prinese zdravo pred GOSPODOM."

Levitski Zakonik 3:1

1. Značaj žrtve zahvalnosti

Zapisane u Levitskom Zakoniku 3 su uredbe koje se odnose na žrtvu zahvalnosti. Žrtva zahvalnosti uključuje ubijanje zdrave životinje, prolivanje njene krvi oko stranica oltara i žrtvovanje njenog sala nad ognjem oltara Bogu kao mirisna aroma. Dok su procedure žrtve zahvalnosti slične onima kao kod žrtva paljenica, postoje brojne razlike. Neki ljudi pogriješno razumiju namjeru žrtve zahvalnosti i misle o tome da je to značaj u primanju oproštaja od grijehova; osnovna svrha žrtve krivice i žrtve grijeha je za oproštaj grijehova.

Žrtva zahvalnosti je žrtva koja ima za cilj da se postigne mir između Boga i nas i sa njom ljudi izražavaju zahvalnost, daju obećanja Bogu i dobrovoljno prinose Bogu. Odvojene žrtve od strane ljudi kojima je bilo oprošteno od njihovih griehova kroz žrtve grijeha i žrtve paljenice i koji sada imaju direktan i prisan odnos sa Bogom, namjena žrtva zahvalnosti je imati mir sa Bogom kako bi oni svesrdno vjerovali Bogu u svakom pogledu njihovog života.

Dok je žrtva brašna istaknuta u Levitskom Zakoniku 2 smatrana kao žrtva zahvaljivanja, to je uobičajena žrtva zahvaljivanja data u zahvalnosti Bogu koji je spasio, zaštitio i nama stvori svakodnevni hljeb i razlikuje se od žrtve zahvalnosti i zahvaljivanju koja se u njoj pojavljuje. Pored žrtve zahvaljivanja koju dajemo nedjeljom, mi dajemo odvojene žrtve zahvaljivanja kada postoje drugi posebni razlozi da bi dali zahvalnost. Zajedno sa žrtvom zahvalnosti postoje i dobrovoljne žrtve da bi ugodili

Bogu, da bi izdvojili i same sebe održali svetim kako bi živjeli po Božjoj Riječi i dobili od Njega želje nečijeg srca.

Dok prinesena žrtva zahvalnosti nosi mnoga značenja, najosnovnija namjera ugrađena u njoj je biti u miru sa Bogom. Jednom kada smo u miru sa Bogom, On nam daje snagu sa kojom mi možemo da živimo u istini, odgovara željama našeg srca i daje nam milost sa kojom mi možemo da ispunimo svako obećanje koje smo Njemu dali.

Kao što nam 1. Jovanova Poslanica 3:21-22 govori: „Ljubazni, ako nam srce naše ne zazire, slobodu imamo pred Bogom; i šta god zaištemo, primićemo od Njega, jer zapovjesti Njegove držimo i činimo šta je Njemu ugodno," kada postanemo uvjereni pred Bogom da smo živjeli u skladu sa istinom, mi ćemo biti u miru sa Njim i iskusićemo Njegova djela u svemu što od Njega potražimo. Ako mi Njemu još više udovoljimo sa posebnim žrtvama, možete li zamisliti koliko će nam Bog odgovoriti i blagosloviti nas?

Prema tome, neophodno je da se jasno razumiju značenja žrtve brašna i žrtve zahvalnosti i razlikovati prinese žrtve brašna od žrtve zahvalnosti, kako bi Bog rado prihvatio naše žrtve.

2. Žrtvovanje u žrtvi zahvalnosti

Bog nam govori u Levitskom Zakoniku 3:1: „Kad ko prinosi žrtvu zahvalnu, ako od goveda prinosi, muško ili žensko neka prinese zdravo pred GOSPODOM." Bilo da je žrtva u žrtvi zahvalnosti janje bilo mužjak ili ženka, ono mora biti zdravo (Levitski Zakonik 3:6-12).

Žrtva u žrtvi paljenici mora da bude zdrav mužjak bika ili zdravo jagnje. Ovo je zato što savršeno žrtvovanje za žrtvu paljenicu - za duhovnu službu bogosluženja - označava Isusa Hrista, nevinog Sina Božjeg.

Međutim, kako mi prinosimo Bogu žrtvu zahvalnosti kako bi bili u miru sa Njim, nema potrebe da se pravi razlika između mužjaka i ženke sve dok je žrtva zdrava. Da nema razlike između mužjaka ili ženke u prinošenju žrtve zahvalnosti dolazi iz Poslanice Rimljanima 5:1: „Opravdavši se, dakle, vjerom, imamo mir s Bogom kroz Gospoda svog Isusa Hrista." U ostvarivanju mira sa Bogom sa djelima Isusove krvi na krstu, ne postoji razlika između mužjaka i ženki.

Kada Bog zapovjeda da žrtva bude „zdrava," On želi od nas da Njemu prinosimo ne sa slomljenim duhom već sa srcem prelijepog djeteta. Mi ne smijemo da dajemo niti bezvoljno niti dok tražimo prepoznatljivost od strane drugih, već dobrovoljno i sa vjerom. Za nas to jedino ima smisla da dajemo nevine žrtve dok dajemo žrtve zahvalnosti za Božju milost spasenja. Žrtva data Bogu, kako bi mogli da Njemu vjerujemo u svakom aspektu našeg života, kako bi On mogao da bude sa nama i štiti nas sve vrijeme i kako bi mogli da živimo u skladu sa Njegovom voljom, mora da bude najbolja koju možemo da damo i mora biti data sa najvećom pažnjom i svim našim srcem.

Kada se upoređuju žrtvovanja žrtve paljenice i žrtve zahvalnosti, tu postoji interesantna činjenica na koju treba obratiti pažnju; grlice su isključene iz ove druge. Zašto je to tako? Bez obzira koliko da je osoba siromašna, žrtva paljenica mora biti žrtvovana od strane svih ljudi i zbog toga je Bog dozvolio žrtvu grlice koje su od ekstremno male vrijednosti.

Na primjer, kada početnik u životu u Hristu sa slabom, malom vjerom prisustvuje nedjeljnoj službi, Bog to smatra kao da je prinio žrtvu paljenicu. Dok je cijela žrtva paljenica data Bogu kada vjernici u potpunosti žive po Božjoj Riječi, održavaju direktan i prisan odnos sa Bogom i bogosluže u duhu i istini, u slučaju početnika u vjeri koji samo održava Gospodnji dan svetim, Bog će to smatrati kao žrtvu grlice sa malom vrijednosti kao žrtvu paljenicu i vodiće ga ka putu spasenja.

Međutim, žrtva zahvalnosti nije zahtjevana žrtva već dobrovoljna žrtva. Ona je data Bogu kako bi čovjek dobio odgovore i blagoslove dok ugađa Bogu. Da treba da se da grlica sa malom vrijednosti, to će izgubiti značenje i namjenu posebne žrtve i zbog toga su grlice isključene.

Pretpostavimo da osoba želi da da žrtvu u ispunjavanju zakletve ili obećanja, duboke želje, ili da dobije Božje iscjeljenje od neizlječive ili smrtne bolesti. Sa kojom vrstom srca bi trebala ta žrtva da bude data? Ona bi bila pripremljena mnogo svesrdnije nego žrtve zahvaljivanja date po regularnoj osnovi. Bog će biti mnogo zadovoljniji ako Njemu prinesemo mužjaka bika ili, u zavisnosti od okolnosti svake osobe, ako Njemu prinesemo ženku kravu ili jagnje ili kozu, ali vrednost grlice kao žrtva je mnogo beznačajna.

Naravno, to ne znači da „vrijednost" žrtve u cjelosti zavisi od novčane vrijednosti. Kada svaka osoba priprema žrtvu sa cijelim srcem i mislima i najvećom pažnjom u skladu sa sopstvenim okolnostima, Bog će procijeniti vrijednost žrtve na osnovu duhovne arome koju ona sadrži.

3. Davanje žrtve zahvalnosti

1) Polaganje ruke na glavu žrtve zahvalnosti i njeno ubijanje na ulazu u šator od sastanka

Ako osoba koja donosi žrtvu polaže ruku na njemu glavu na ulazu u šator od sastanka, on pripisuje svoje grijehove životinji. Kada osoba koja daje žrtvu zahvalnosti polaže ruku na žrtvu, od odvaja životinju kao žrtvu datu Bogu i time je miropomazuje.

Da bi naše žrtve na kojima mi polažemo ruke bile ugodne Bogu, mi ne treba da utvrđujemo količinu u skladu sa tjelesnim mislima već u skladu sa inspiracijom Svetog Duha. Samo će takve žrtve biti rado prihvaćene od strane Boga, odvojene i miropomazane.

Nakon što polaže svoje ruke na glavu žrtve, osoba koja prinosi žrtvu ubija je na ulazu šatora od sastanka. U vremenima Starog Zavjeta, stari svještenici su mogli da uđu u svjetilište a ljudi su ubijali životinje na ulazu šatora od sastanka. Međutim, kako je zid grijeha koji je stajao između nas i Boga bio uništen od strane Isusa Hrista, mi danas možemo da uđemo u svetilište, bogoslužimo Bogu i imamo direktan i prisan odnos sa Njim.

2) Aronovi sinovi svještenici prskaju krv unaokolo oltara

Levitski Zakonik 17:11 nam govori: „Jer je duša tijelu u krvi; a ja sam vam je odredio za oltar da se čiste duše vaše; jer je krv što dušu očišća." Poslanica Jevrejima 9:22 nam takođe govori: „I gotovo sve se krvlju čisti po zakonu, i bez prolivanja krvi ne biva oproštenje" i podsjeća nas da samo sa krvlju mi možemo biti očišćeni. U davanju žrtve zahvalnosti Bogu da bi imali direktan i prisan duhovni odnos sa Bogom, prskanje krvi je neophodno zato što mi, čiji je odnos sa Bogom bio narušen, nikada ne možemo biti u miru sa Njim bez djela krvi Isusa Hrista.

Prskanje krvi od strane svještenika unaokolo oltara označava da bilo gdje da nas naše noge ponesu i u bilo kojim okolnostima da se nađemo, mir sa Bogom će uvijek biti postignut. Da bi predstavilo da je Bog uvijek sa nama, da hoda sa nama, štiti nas i blagoslovi nas gdje god da krenemo, bilo šta da radimo i sa bilo kim da smo, krv se prska unaokolo oltara.

3) Od žrtvovanja žrtve zahvalnosti, žrtva je predstavljena ognjem GOSPODA

Levitski Zakonik 3 djetaljno izlaže metode žrtve se samo sa bikovima već takođe i sa jagnjadima i kozama kao žrtve zahvalnosti. Pošto su metode gotovo jednake, mi ćemo se fokusirati na žrtve bikovima kao žrtve zahvalnosti. U poređenju žrtava zahvalnosti sa žrtvama paljenicama, mi znamo da su svi dijelovi kože žrtva predate Bogu. Značenje žrtva paljenica je duhovna služba bogosluženja a kako je služba u potpunosti predata samo Bogu, žrtve su u potpunosti paljene.

Međutim u davanju žrtve zahvalnosti, nisu dati svi dijelovi

žrtve. Kao što čitamo u Levitskom Zakoniku 3:3b-4: „salo što pokriva crijeva i sve salo što je na njima, i oba bubrega i salo što je na njima i na slabinama, i mrežicu što je na jetri, neka je izvadi s bubrezima," salo koje pokriva važne dijelove unutrašnjih organa životinja treba da bude žrtvovano Bogu kao mirisna aroma. Davanje sala sa različitih dijelova tijela životinje označava da mi moramo da budemo u miru sa Bogom ma gdje bili i u ma kojim okolnostima se našli.

Biti u miru sa Bogom takođe zahtjeva da budemo u miru sa svim ljudima i da težimo ka svetosti. Samo kada smo u miru sa svim ljudima mi možemo da budemo savršeni kao Božja djeca (Jevanđelje po Mateju 5:46-48).

Nakon što je salo sa žrtve predate Bogu skinuto, dijelovi rezervisani za svještenika su uklonjeni. Mi čitamo u Levitskom Zakoniku 7:34: „Jer grudi što se obrću i pleće što se podiže uzeh od sinova Izrailjevih od svih njihovih žrtava zahvalnih, i dadoh Aronu svješteniku i sinovima njegovim zakonom vječnim da se uzimaju od sinova Izrailjevih." Baš kao što su porcije žrtve brašna bile rezervisane za svještenika, porcije žrtava zahvalnosti koje su ljudi davali Bogu su rezervisane za izdržavanje svještenika i Levita, koji su oba služili Bogu i Njegovom narodu.

Ovo je isto u vremenima Novog Zavjeta. Kroz žrtve date Bogu od strane vjernika, djela Boga za spasenje duša se izvodi i uspostavljaju se izdržavanja sluga Gospoda i crkvenih radnika. Nakon otklanjanja porcija za Boga i svještenike, ostatak se troši na osobu koja je prinela žrtvu; ovo je jedinstvena karakteristika za žrtve zahvalnosti. Da osoba koja prinosi žrtvu to konzumira, označava da će Bog pokazati da je žrtva bila vrijedna Njegovog oduševljenja kroz takav dokaz kao odgovori i blagoslovi.

4. Uredba na masti i krvi

Kada je životinja ubijena kao žrtva da bi bila predata Bogu, svještenik prska njenu krv unaokolo oltara. Šta više, kako sav loj i salo pripada GOSPODU, oni su smatrani kao svetim i žrtvovali su na ognju oltara kao mirisna aroma koja ugađa Bogu. Ljudi u vremenima Starog Zavjeta nisu jeli salo niti ikakvu krv, zato što se mast i krv odnose na život. Krv predstavlja život tijela a salo, kao suština tijela, je isto što i život. Salo olakšava nesmetan rad i životnu aktivnost.

Kakav duhovni značaj ima „salo"?

„Salo" prvenstveno znači najveću brigu koja je iz savršenog srca. Davanje sala kao žrtvu na ognju znači da smo Bogu dali sve što smo imali sve što jesmo. To se odnosi na najveću brigu i cijelo srce sa kojim neko daje žrtve dovoljne Božjeg prihvatanja. Dok su sadržaj u davanju žrtava zahvalnosti na oltar da se postigne mis dok Njemu udovoljavamo ili davanje sebe u posvećenosti Bogu važni, još mnogo važnija je vrsta srca i stepen brige sa kojom je žrtva data. Ako osoba koja je učinila nešto loše daje žrtvu kako bi bila u miru sa Bogom, ta žrtva morala bi da bude napravljena sa još većim posvećenjem i sa mnogo savršenijim srcem.

Naravno, oproštaj od grijehova zahtjeva davanje grijeha ili žrtve grijeha. Međutim, postoje situacije gdje se neko nada da će otići iznad i preko dobijanjem običnog oproštaja od grijehova ali pravi iskreni mir sa Bogom dok Njemu ugađa. Na primjer, kada je dijete uradilo nešto pogrešno njenom ocu i teško je povrijedila očevo srce, očevo srce može da se istopi i iskreni mir može da se postigne između njih dvoje ako ona uloži svaki napor da udovolji svom ocu, umjesto da jedva kaže da joj je žao i da dobije oproštaj od njenih pogrešnih djela.

Šta više „salo" se takođe odnosi na molitvu i ispunjenje Svetim Duhom. U Jevanđelju po Mateju 25 su pet razumnih djevica koje su uzele ulje u pljoskama zajedno sa svojim lampama i pet prostih djevica koje nisu ponele ulje sa njima i prema tome su bile odbijene da uđu na vjenčanje. Ovde „ulje" duhovno označava molitvu i ispunjenost Svetim Duhom. Samo kada dobijemo ispunjenost Svetim Duhom kroz molitve i budni smo mi možemo da izbjegnemo zaprljanost svjetovnih stvari i čekamo Našeg Gospoda, mladoženju, nakon što smo sebe pripremili kao Njegove prelijepe mlade.

Molitva mora da prati žrtvu zahvalnosti datu Bogu kako bi Bogu udovoljili i primili Njegove odgovore. Molitva ne smije da bude samo formalnost; ona mora biti prineta svim našim srcem sa svim što imamo i sa svim što jesmo, baš kao što je Isusov znoj postao kao kapljice krvi, koje su pale na zemlju kada se On molio na Getsimaniji. Svako ko se moli na ovaj način će se svakako boriti i odbaciti grijeh, postaće posvećen i dobiće odozgo inspiraciju ispunjenosti Svetim Duhom. Kada takva osoba prinese Bogu žrtvu zahvalnosti, On će biti zadovoljan i Njemu će brzo dati odgovore.

Žrtva zahvalnosti je žrtva data Bogu u potpunom povjerenju, kako bi mi mogli da vodimo vrijedne živote u Njegovom društvu i pod Njegovom zaštitom. U stvaranju mira sa Bogom, mi moramo da se okrenemo od naših puteva koji su nedopadljivi u Njegovim očima; mi moramo da Njemu damo žrtve radosni i svim našim srcem i dobijemo ispunjenje Svetog Duha kroz molitve. Mi ćemo onda postati prepuni nade za Nebesa i vodićemo trijumfalan život dok pravimo mir sa Bogom. Ja se nadam da će svaki čitalac uvijek dobijati Božje odgovore i blagoslove dok se moli u inspiraciji i ispunjenosti Svetim Duhom sa svim svojim srcem da će dati Bogu žrtvu zahvalnosti koja je ugodna u Njegovim očima.

Poglavlje 6

Žrtva grijeha

„Ako ko zgriješi nehotice i učini štagod što je GOSPOD zabranio da se ne čini, ako svještenik pomazani zgriješi, te bude na grijeh narodu, neka za grijeh svoj koji je učinio prinese tjele zdravo GOSPODU na žrtvu za grijeh."

Levitski Zakonik 4:2-3

1. Značaj i vrste žrtve grijeha

Sa našom vjerom u Isusa Hrista i dijelom Njegove krvi, nama je oprošteno od grijehova i stigli smo do spasenja. Međutim, da bi naša vjera bila priznata kao istina, mi moramo ne samo da priznamo sa usnama „ja vjerujem," već i da je demonstriramo u djelima i istinitosti. Kada kao dokaz pokažemo pred Bogom djela vjere koja će Bog prepoznati, On će vidjeti tu vjeru i oprostiće nam naše grijehove.

Kako mi možemo da primimo oproštaj od grijehova sa vjerom? Naravno, svako dijete Božje mora uvijek da korača u svjetlosti i nikada ne griješi. Ipak, ako postoji zid između Boga i vjernika koji je počinio grijehove dok još nije bio savršen, on mora da zna rješenje i čini u skladu sa time. Rješenja su pronađena u Božjoj Riječi i odnose se na žrtvu grijeha.

Žrtva grijeha, kao što čitamo, je žrtva data Bogu kao pokajanje od grijehova koje smo počinili u našim životima, a postupak se razlikuje u skladu sa našim Bogom datim dužnostima i sa pojedinačnom mjerom vjere. Levitski Zakonik 4 govori da žrtva grijeha treba da bude žrtvovana od strane miropomazanog svještenika, cijele zajednice, vođe i običnih ljudi.

2. Miropomazana žrtva grijeha svještenika

Bog govori Mojsiju u Levitskom Zakoniku 4:2-3: „Kaži sinovima Izrailjevim, i reci: Ako ko zgriješi nehotice i učini štagod što je GOSPOD zabranio da se ne čini, ako svještenik pomazani zgriješi, te bude na grijeh narodu, neka za grijeh svoj koji je učinio prinese tele zdravo GOSPODU na žrtvu za grijeh."

Ovdje se „sinovi Izraela" duhovno odnosi na svu Božju djecu. Vremena kada „osoba nenamjerno zgriješi u jednoj od stvari koje je GOSPOD zapovjedio da ne treba da se čine a počini jednu od njih" je vrijeme u kojem je Božji zakon, pronađen u Njegovoj Riječi zapisanoj u 66 knjiga Biblije koje je „On zapovjedio da se ne čine," bio prekršen.

Kada pop - u današnjim izrazima, svještenik koji uči i propoveda Božju Riječ - prekrši zakon Božji, plata za grijeh dostiže čak i ljude. Kako on nije učio njegovo stado u skladu sa istinom niti je sam živio po njoj, njegov grijeh je težak; čak iako je grijehove počinio nesvjesno, to je ipak izuzetno neprijatno što svještenik nije shvatio Božju volju.

Na primjer, ako svještenik netačno uči istinu, njegovo stado će vjerovati njegovim riječima; prkosiće Božjoj volji; a crkva kao jcelina će izgraditi zid grijeha pred Bogom. On nam je rekao: „budite sveti," „uzdržite se od svakog oblika zla" i „molite se bez prestanka." Sada, šta će se dogoditi ako svještenik kaže: „Isus nas je otkupio od svih naših grijehova. Tako da mi ćemo biti spašeni sve dok idemo u crkvu?" Kao što je Isus rekao u Jevanđelju po Mateju 15:14: „A slijepac slijepca ako vodi, oba će u jamu pasti," plata za grijeh svještenika je velika zato što će i svještenik i stado rasti daleko od Boga. Ako svještenik prema tome griješi „tako što prenosi krivicu na ljude," on mora da prinese Bogu žrtvu grijeha.

1) Zdrav muški bik žrtvovan kao žrtva grijeha

Kada miropomazan svještenik zgriješi, to je „prenošenje krivice na ljude" i on mora da zna da je plata za grijeh velika. U 1. Samuilovoj Knjizi 2-4 mi nailazimo šta se dogodilo kada su sinovi svještenika Ilije počinili grijeh tako što su uzeli žrtve koje su predane Bogu iz sopstvene koristi. Kada je Izrael izgubio rat protiv Filistejca, Ilijini sinovi su poginuli i 30.000 vojnika pešadinaca je izgubilo živote. Čak i uzevši Božji Kovčeg, Izrael kao cjelina je postao predmet patnje.

Zbog toga žrtva pokajanja mora da bude najvrijednija od svih; zdrav bik mužjak. Među svim žrtvama, Bog najradije prihvata mužjake bikova ili mužjake jagnjad a vrijednost mužjaka bika je mnogo veća. Za žrtvu grijeha, svještenik mora da prinese ne samo mužjaka bika nego zdravog mužjaka bika; ovo duhovno označava da žrtve ne mogu samo nerado biti davane ili bez radosti; svaka žrtva mora da bude potpuna živa žrtva.

2) Davanje žrtve grijeha

Svještenik donosi bika da bi bio žrtvovan kao žrtva grijeha na ulazu u šator od sastanka pred GOSPODOM; polaže ruku na njega; uzima nešto krvi iz bika i unosi ga u šator od sastanka; umače prst u krv i prosipa nešto krvi sedam puta pred GOSPODOM, ispred vela svetilišta (Levitski Zakonik 4:4-6). Polaganje ruke na životinju bika označava podmetanje ljudskih grijehova na životinju. Dok osoba koja je počinila grijehove treba da bude predmet smrti, polaganjem ruke na glavu žrtve osoba prima oproštaj od njegovih grijehova tako što podmeće grijehove životinji a onda ubija životinju.

Svještenik onda uzima nešto krvi, umače prst u nju i prska je u svetilište unutar šatora od sastanka, ispred vela svetilišta. „Veo svetilišta" je debela zavjesa koja odvaja svetilište od svetinje nad svetinjama. Žrtve se obično ne prinose unutar svetilišta ali na oltaru u sudu hrama; međutim, svještenik ulazi u svetilište sa krvlju žrtve grijeha i prska je pred velom svetilišta, odmah ispred svetinje nad svetinjama gdje Bog boravi.

Umakanje prsta u krv simbolizuje djelo početka od oproštaja. To simbolizuje da se jedan ne kaje samo sa usnama ili obećanjem, već takođe i ubire plodove pokajanja dok zaista odbacuje grijeh i zlo. Umakanje prsta u krv i prskanje „sedam puta" - „sedam" je savršen broj u duhovnom kraljevstvu - označava da jedan u potpunosti odbacuje svoje grijehove. Jedan može da primi savršen oproštaj samo nakon što je u potpunosti odbacio njegove grijehove i ne griješi ponovo.

Svještenik takođe stavlja nešto krvi na rogove oltara pred GOSPODOM koji imaju miris tamjana u šatoru od sastanka i prosipa svu krv na podlogu oltara žrtve paljenice na ulazu u šator od sastanka (Levitski Zakonik 4:7). Oltar mirisa tamjana - oltar tamjana - je pripremljen oltar gdje se pali tamjan; kada se tamjan zapali, Bog prihvata taj tamjan. Šta više, rogovi u Bibliji predstavljaju kralja i njegovu uzvišenost i vlast; oni se odnose na Kralja, našeg Gospoda (Otkrivenje Jovanovo 5:6). Stavljanje krvi na rogove na oltaru sa mirisom tamjana služi kao znak da je žrtva prihvaćena od Boga našeg Kralja.

Sada, kako možemo danas mi da se pokajemo na način koji će Bog prihvatiti? Ranije je spomenuto da su zlo i grijehovi odbačeni umakanjem prsta u krv žrtve grijeha i njenim prosipanjem. Nakon što smo razmislili i pokajali se od grijehova, mi moramo da dođemo u hram i priznamo grijeh u molitvi. Baš kao što je krv žrtve stavljena na rogove kako bi to Bog prihvatio, mi moramo da dođemo pred vlast našeg Boga Kralja i prinesemo Njemu molitvu pokajanja. Mi moramo da dođemo u hram, kleknemo i molimo se u ime Isusa Hrista među djelima Svetog Dua koji nam dozvoljava da duh pokajanja dođe nad nama.

Ovo ne znači da mi moramo da čekamo dok ne dođemo u hram da bi se pokajali. U trenutku kad znamo da smo učinili pogriješno protiv Boga, mi moramo odmah da se pokajemo i okrenemo od naših puteva. Ovdje se dolazak u hram odnosi na Sabat i Gospodnji dan.

Dok su samo miropomazani svještenici mogli da komuniciraju sa Bogom u vremenima Starog Zavjeta, kako je Sveti Duh napravio mjesto boravka u srcima svakog od nas, mi danas možemo da se molimo i imamo direktan i prisan odnos sa Bogom među djelima Svetog Duha. Molitva pokajanja me takođe biti prineta u sredini djela Svetog Duha. Međutim, imajte na umu da je svaka data molitva učinjena dok održavamo Gospodnji dan svetim.

Osoba koja ne održava Gospodnji dan nema dokaz da je dete Boga duhovno i on ne može da primi oproštaj čak i kada sam po sebi prinosi molitvu pokajanja. Kajanje je prihvatljivo od strane Boga bez sumnje samo kada jedan prinosi sam po sebi molitvu pokajanja nakon što razumije da je zgriješio, ali i takođe kada formalno prinosi molitvu pokajanja opet u Božjem hramu Gospodnjeg dana.

Nakon što je krv stavljena na rogove na oltaru mirisa tamjana, sva krv je prosipa po podlozi oltara žrtve paljenice. Ovo je djelo cijelog žrtvovanja krvi Bogu, što je život žrtve i duhovno simboliše da smo se pokajali sa cijelim posvećenim srcem. Primanje oproštaja od grijehova učinjene protiv Boga zahtjeva žrtvu pokajanja sa svim našim srcem, mislima i našeg velikog i iskrenog napora. Svako ko je dao Bogu iskreno pokajanje neće se usuditi da počini opet isti grijeh pred Bogom.

Sljedeće, svještenik otklanja sa bika žrtve grijeha svo salo i prinosi ga na oganj oltara žrtve paljenice, ista procedura kao sa žrtvom zahvalnosti, i iznosi ga van kampa gdje se prosipa pepeo i pali kožu i svo meso bika sa sve glavom, nogama i crijevima (Levitski Zakonik 4:8-12). „Žrtvovanje na ognju" označava da je u istini nečije ja uništeno i da samo istina opstaje.

Baš kao što je salo sa žrtve zahvalnosti uklonjeno, salo sa žrtve grijeha je takođe uklonjeno a onda prinešeno na oganj oltara. Žrtvovanje sala sa bika na oganj oltara nam govori da samo pokajanje žrtvovano sa svim našim srcem, mislima i najvećim stepenom biće prihvaćeno od strane Boga.

Dok su svi dijelovi žrtvovani u žrtvi paljenici bili prineseni na oganj oltara, u žrtvi grijeha su svi djelovi osim sala i bubrega bili spaljeni u vatri sa drvetom van kampa gdje se prosipao pepeo. Zašto je to tako?

Kako je žrtva paljenica duhovna služba bogosluženja namjenjena da ugodi Bogu i da se dostigne odnos sa Njim, ona je prinesena na oganj oltara u hramu. Međutim, pošto žrtva grijeha treba da nas otkupi od nečistih grijehova, ona ne može da bude prinesena na oganj oltara unutar hrama i potpuno je spaljena na mjestu koje je daleko od mjesta gdje ljudi žive.

Čak i danas, mi moramo da se borimo da u potpunosti odbacimo grijehove od kojih smo se pokajali pred Bogom. Mi moramo vatrom Svetog Duha da zapalimo aroganciju, ponos i naše staro sebe od našeg vremena u svijetu, djela griješnog tijela koja su neprikladna pred Bogom i slično tome. Prinesena žrtva na ognju - bik - je pripisala grijeh osobe koja je položila ruku na nju. Prema tome, od tog momenta pa nadalje, ta osoba mora da stane ispred kao živa žrtva sa kojom je Bog zadovoljan.

U tom smislu, šta mi danas treba da uradimo?
Duhovno značenje između osobina žrtvovanja bika i onih od strane Isusa, koji je umro kako bi nas otkupio od grijeha, objašnjavano je ranije. Prema tome, ako smo se pokajali i prinijeli na oganj oltara dijelove žrtve, od tog momenta, baš kao žrtva data Bogu, mi moramo da budemo transformisani na isti način kao što je Gospod postao žrtva grijeha. Marljivim služenjem crkvenih članova u ime Gospoda, mi moramo da dozvolimo vjernicima da istovare breme i snabdjeti ih istinom i dobrim stvarima. Posvećenošću i pomaganjem našim članovima crkve da bi kultivisali njihovo srce-polje u suzama, upornosti i molitvi,

mi moramo da transformišemo našu braću i sestre u iskrenu, posvećenu djecu Boga. Bog će tada smatrati pokajanje kao iskreno i vodiće nas na put ka blagoslovima.

Čak iako mi nismo svještenici, kao što čitamo u 1. Petrovoj Poslanici 2:9: „A vi ste izbrani rod, carsko svještenstvo, sveti narod, narod dobitka," svako od nas ko vjeruje u Gospoda mora da postane savršen kao svještenik i postane iskreno Božje dijete.

Šta više, žrtva data Bogu mora da prati kajanje prilikom pokajanja za nečije grijehove. Svako ko duboko žali i kaje se od njegovih pogriješnih djela svakako će biti vođen da prinese žrtvu i kad su takva djela praćena sa ovom vrstom srca on može biti smatran da traži potpuno pokajanje pred Bogom.

3. Žrtva grijeha cijele zajednice

„ Ako li bi sav zbor sinova Izrailjevih zgriješio nehotice i ne bi zbor znao za to, i učinili bi štagod što je GOSPOD zabranio da se ne čini, te bi skrivili, Kad se dozna za grijeh koji su učinili, onda neka zbor prinese tele, žrtvu za grijeh, i neka ga dovedu pred šator od sastanka" (Levitski Zakonik 4:13-14).

U današnjim izrazima „grijeh cijele zajednice" se odnosi na grijehove cijele crkve. Na primjer, postoje situacije gdje se formiraju grupe u crkvi među svještenicima, vođama, starijim đakonima koje zabrinjavaju cijelu zajednicu. Jednom kada se stvori nesloga i započnu rasprave, onda će crkva kao cjelina završiti sa grijehom i stvoriće visoki zid grijeha pred Bogom jer će većina članova crkve biti poljuljana raspravama i govoriće loše i gajiće loša osjećanja jedni prema drugima.

Čak je i Bog rekao da volimo naše neprijatelje, spasimo druge, ponizimo sebe, budemo u miru sa svim ljudima i tražimo svetost. Koliko sramotno i žalosno je samo Bogu što su sluge Gospoda i njihova stada u neslozi ili što se braća i sestre u Hristu suprotstavljaju jedni drugima? Ako se takav događaj dogodi u crkvi, ona neće dobiti Božju zaštitu; tamo neće postojati otkrivenja i nevolje će pratiti domove i poslovanja njenih članova.

Kako mi možemo da dobijemo oproštaj od grijehova cijele zajednice? Kada je dobro poznat grijeh cijele zajednice, onda treba doneti bika ispred šatora od sastanka. Njen svještenik će onda položiti ruke na glavu te žrtve, ubiće je pred GOSPODOM i predaće Bogu na isti način kao i svještenikova žrtva grijeha. Žrtva u žrtvi grijeha za svještenika i za cijelu zajednicu je jednaka po vrijednosti i dragocjenosti. Ovo znači da prema Bogu, daje težina grijeha počinjena od strane svještenika ili cijele zajednice ista.

Ipak, dok žrtva svještenikove žrtve grijeha treba da bude zdrav mužjak bika, prinos cijele zajednice žrtve grijeha treba da bude samo bik mužjak. To je zato što nije lako za cijelu zajednicu da bude jedno srce i da prinese žrtvu u radosti i zahvalnosti.

Kada crkva kao cjelina danas zgriješi i želi da se pokaje, moguće je da će među članovima crkve postoje ljudi bez vjere ili koji odbijaju da se pokaju sa nelagodnošću u njihovim srcima. Pošto nije lako za cijelu zajednicu da Njemu daju žrtvu zdravu, Bog je pokazao milost u tom pogledu. Čak iako nekoliko ljudi ne može da da žrtvu sa cijelim srcem, kada se većina članova crkve pokaje i okrene od njihovih puteva, Bog će primiti žrtvu grijeha i oprostiće.

Pošto ne može svaki član zajednice da položi njegovu ili njenu ruku na glavu žrtve, vođe zajednica u ime zajednice, polažu njihove ruke kada cijela zajednica prinosi Bogu žrtvu grijeha.

Ostatak procedure je isti kao i kod svještenikove žrtve grijeha u svim koracima od svještenikovog umakanja prsta u krv žrtve, njenog prskanja sedam puta ispred vela svetilišta, stavljanja nešto krvi na rogove na oltaru sa mirisom tamjana i spaljivanju ostatka dijelova žrtve van kampa. Duhovno značenje ovih procedura je u kompletnom okretanju od grijehova. Mi takođe moramo da prinesemo molitvu pokajanja u ime Isusa Hrista i sa delima Svetog Duha u Božjem hramu kako bi to pokajanje bilo formalno prihvatljivo. Nakon što se cijela zajednica pokajala sa jednim srcem na ovaj način, grijeh ne bi trebao više da se ponovi.

4. Žrtva grijeha vođe

U Levitskom Zakoniku 4:22-24, mi čitamo:

„Ako li poglavar zgriješi, i učini nehotice štagod što je GOSPOD Bog njegov zabranio da se ne čini, te skrivi, kad dozna za grijeh svoj, koji je učinio, tada neka dovede na žrtvu jare muško, zdravo. I neka metne ruku svoju jaretu na glavu, i svještenik neka ga zakolje gdje se kolje žrtva paljenica pred GOSPODOM; to je žrtva za grijeh."

Iako u nižem rangu nego svještenici, „vođe" su u poziciji vođstva i u klasi koja se razlikuje od običnih ljudi. Prema tome, vođe prinose Bogu jarca. To je manje od mužjaka bika žrtvovanog od strane svještenika ali opet veće nego koza žrtvovane od strane ljudi kao žrtve grijeha.

U današnjem izrazu „vođe" u crkvi su grupe ili male vođe ili nedjeljni učitelji u školi. Vođe su oni koji služe na poziciji vođstva za članove crkve. Za razliku od nestručnih članova ili početnika u vjeri, oni su izdvojeni pred Bogom i kao takvi, čak iako je isti grijeh počinjen, vođe moraju da prinesu Bogu veći plod pokajanja.

U prošlosti, vođa je polagao svoju ruku na glavu zdravog jarca i pripisao njegove grijehove na jarca i onda bi ga ubio pred Bogom. Vođa dobija oproštaj kada svještenik umače prst u krv, stavlja je na rogove oltara žrtve paljenice, prska ostatak krvi žrtve na podlogu oltara žrtve paljenice. Kao što je sa slučajem žrtve zahvalnosti, salo žrtve se prinosi na oganj oltara.

Za razliku od svještenika, vođa ne prska krv žrtve sedam puta ispred vela svetilišta; kada demonstrira njegovo pokajanje on to čini tako što stavlja krv na rogove oltara žrtve paljenice i Bog to prihvata. Ovo je zato što se mjera vjere razlikuje od svještenika do vođe. Pošto svještenik nikada više neće da zgriješi nakon pokajanja, on mora da poprska krv žrtve sedam puta, savršen broj u duhovnom smislu.

Vođa međutim, će možda opet zgriješiti i iz tog razloga njemu nije zapovjedano da prska krv žrtve sedam puta. Ovo je znak ljubavi i milosti Boga, koji želi da dobije pokajanje od svake osobe u skladu sa njenom mjerom vjere i dozvoljenim oproštajem. Do sada u raspravi žrtve grijeha, „svještenik" se naziva „svještenik" i „vođa" kao „radnik na poziciji vođe." Međutim, ove reference nisu samo ograničene u Bogom-datim dužnostima u crkvi, već se takođe odnose i na vjeru svakog vjernika.

Svještenik mora da bude posvećen vjerom a onda treba da mu bude povjereno vođstvo stada vjernika. To je prirodno za vjeru nekoga koji je na poziciji vođstva, kao grupe ili vođe ili nedjeljnog učitelja u školi, da bude na drugačijem nivou nego običan vjernik čak iako nije još dostigao savršenu svetost. Pošto se nivo vjere razlikuje od onog od strane vođe pa do čak običnog vjernika, značaj grijeha i nivo pokajanja koju Bog traži da prihvati se razlikuje čak i kada su počinili sličan grijeh.

Ovo ne znači da je dozvoljeno da vjernik misli: „Pošto moja vjera još nije savršena, Bog će mi dati drugu šansu čak i kada kasnije zgriješim," i da se prema tome pokaje sa takvim srcem. Oproštaj od Boga kroz pokajanje neće se dobiti kada osoba svjesno i samovoljno počini grijeh, već kada je osoba nesvjesno zgriješila i kasnije shvatila da je zgriješila i u skladu sa time tražila oproštaj. Šta više, jednom kada je počinio grijeh i pokajao se u njemu, Bog će prihvatiti to pokajanje samo kada uloži veliki napor sa revnosnim molitvama da nikada ne počini isti grijeh.

5. Žrtva grijeha običnih ljudi

„Obični ljudi" su ljudi sa malo vjere, ili obični članovi crkve.

Kada obični ljudi počine grijeh, oni to čine iz stanja male vjere i prema tome težina njihove žrtve grijeha je manja nego kod svještenikovog ili kod vođe. Običan čovjek treba da prinese Bogu žrtvu grijeha ženke koze, koja je po značaju niža nego jarac, bez mane. Kao što je slučaj sa žrtvom grijeha žrtvovanim od strane svještenika ili vođe, svještenik umače prst u krv prinesene žrtve grijeha običnog čovjeka, stavlja je na rogove oltara žrtve paljenice i prosipa ostatak krvi na oltar.

Iako postoji vjerovatnoća da će obična osoba možda zgriješiti ponovo u nekim kasnijim vremenima zbog njegove malo vjere, ako zažali i pokida svoje srce u pokajanju nakon što je počinio grijehove, Bog će pokazati saosjećanje i oprostiće mu. Šta više, na način na koji je Bog zapovjedio da „koza" bude žrtvovana, mi možemo da kažemo da grijehovi počinjeni na ovom nivou su lakši za oproštaj od grijehova za koje jarac treba da bude žrtvovan. Ovo ne znači da Bog dozvoljava umjereno pokajanje; jedan mora da prinese Bogu iskreno pokajanje, riješen da više nikada ne zgriješi.

Kada osoba sa malo vjere shvati i pokaje se u njegovim grijehovima i uloži sav napor da više ne počini isti grijeh, ponavljanje sa kojim će možda zgriješiti će se smanjiti sa deset puta na pet pa na tri i na kraju će on moći da ga u potpunosti odbaci. Bog prihvata pokajanje koje je praćeno plodovima. On neće prihvatiti pokajanje čak i od početnika u vjeri ako to pokajanje sadrži samo službu sa usana i bez okretanja srca.

Bog će se radovati i obožavaće početnika u vjeri koji se odmah pokaje od njegovih grijehova kad god ih prepozna i marljivo ih odbaci. Umjesto da uvjeravamo sebe: „Ovo je mjesto gdje moja vjera stoji, tako da je meni ovo dovoljno" ne samo u pokajanju već i u molitvi, bogosluženju i u svakom pogledu na život u Hristu, kada se neko bori da stigne iznad i izvan svojih sposobnosti, on će biti predmet veće obilne ljubavi i blagoslovima od Boga.

Kada neko ne bi mogao da priušti da prinese kozu i umjesto toga bi prinio jagnje, jagnje bi takođe trebalo da bude ženka bez mana (Levitski Zakonik 4:32). Siromasi su prinosili dvije grlice ili dva mlada goluba a siromašniji su opet prinosili malu količinu mekog brašna (Levitski Zakonik 5:7, 11). Bog pravednosti je svrstavao i prihvatao žrtve grijeha u skladu sa mjerom vjere svakog pojedinca.

Mi smo prema tome do sada razgovarali o tome kako da načinimo pokajanje i mir sa Bogom dok smo ispitivali žrtve grijeha Njemu prinesene od strane ljudi u različitim rangovima i sa različitim dužnostima. Ja se nadam da će svaki čitalac napraviti mir sa Bogom dok razmatra sopstvenu Bogom-datu dužnost i stav svoje vjere, kao i da će se u potpunosti pokajati u svim greškama i grijehovima kada god je zid grijeha pronađen na njegovom putu ka Bogu.

Poglavlje 7

Žrtva krivice

„Ko se prevari, te se ogriješi nehotice o stvari posvećene GOSPODU, neka prinese na žrtvu GOSPODU za prestup svoj ovna zdravog s cijenom, kojom ti procijeniš svetu stvar na sikle srebrne, po siklima svetim, prema prestupu."

Levitski Zakonik 5:15

1. Značaj žrtve zahvalnosti

Žrtva grijeha je data Bogu kako bi se načinilo obeštećenje za počinjen grijeh. Kada ljudi Božji zgriješe protiv Njega, oni moraju Njemu da prinesu žrtvu grijeha i pred Njim se pokaju. Međutim u zavisnosti od vrste grijehova, osoba koja je počinila grijeh me može samo da okrene svoje srce do griješnih puteva, već takođe on mora da preuzme odgovornost za svoja pogrešna djela.

Na primjer, recimo da je osoba pozajmila predmet od svog prijatelja ali slučajno ga oštetila. Ovdje osoba ne može samo da kaže: „Žao mi je." On ne može samo da se izvini već takođe mora i da nadoknadi prijatelju taj predmet. Ako osoba ne može da nadoknadi štetu u vrednosti robe za predmet koju je uništio, on mora da plati njegovom prijatelju isti iznos da bi mu nadoknadio štetu. Ovo je iskreno pokajanje.

Davanje žrtve krivice predstavlja stvaranje mira tako što se uzvraća preuzimanje odgovornosti za pogrešna djela. Isto se odnosi i na pokajanje pred Bogom. Baš kao što mi moramo da nadoknadimo štetu koju smo uzrokovali našoj braći i sestrama u Hristu, mi moramo da Njemu pokažemo prikladno pokajanje nakon što smo prema Njemu zgriješili kako bi naše kajanje bila cjelina.

2. Okolnosti i metode u davanju žrtve krivice

1) Nakon što je napravljeno lažno svjedočenje
Levitski Zakonik 5:1 nam govori: „I kad ko zgriješi što čuje

kletvu i bude joj svjedok vidjevši ili čuvši, pa ne kaže, nosiće svoje bezakonje." Postoje vremena kada ljudi, čak i nakon što su se zakleli da govore istinu, daju lažna svjedočenja kada je njihov interes u pitanju.

Na primjer, pretpostavimo da je vaše sopstveno dijete počinilo zločin i da je nevina osoba bila optužena za zločin. Da ste svjedok, da li vjerujete da ćete moći da date precizan iskaz? Ako nastavite da ćutite kako bi zaštitili svoje dijete, što će prouzrokovati drugima štetu, ljudi možda neće znati istinu ali će Bog sve nadgledati. Prema tome, svjedok mora da svjedoči istinu onako kako je on ili ona vidio ili čuo kako bi osigurao da kroz pravedno suđenje niko neće nepravedno patiti.

Isto je i sa našim svakodnevnim životom. Mnogi ljudi nisu u stanju da pravilno prenesu šta su vidjeli i čuli i po svojoj sopstvenoj osudi oni se oslanjaju na pogrešne informacije. Neki drugi opet uzrokuju pogrešna svjedočenja i izmišljaju priče kao da su vidjeli nešto što u stvari nisu ni vidjeli. Zbog takvih lažnih svjedočenja, nevini ljudi su lažno optuženi za zločine koje nisu počinili i zbog toga nepravedno pate. Mi nailazimo u Jakovljevoj Poslanici 4:17: „Jer koji zna dobro činiti i ne čini, grijeh mu je." Božja djeca koja poznaju istinu moraju da razaznaju istinu i daju tačan iskaz kako se drugi ne bi našli u nevoljama ili bili predmet povreda.

Ako su se dobrota i istina naselili u našim srcima, mi ćemo uvijek govoriti iskreno u svemu. Mi nećemo loše govoriti ili stavljati krivicu na druge, iskriviti istinu niti dati nevažne odgovore. Ako neko šteti drugima izbjegavajući da da izjave kada je to potrebno ili daje lažni iskaz, on mora da prinese Bogu žrtvu krivice.

2) Nakon što se stupi u kontakt sa nečistim stvarima
Mi čitamo u Levitskom Zakoniku 5:2-3:

Ili kad se ko dotakne nečiste stvari, strva od nečiste zvijerke ili strva od nečistog živinčeta ili strva od nečiste životinje koja gamiže, ako i u neznanju učini, ipak će se oskvrniti, i biće kriv. Ili kad se dotakne nečistote čovječije, bila nečistota njegova kakva mu drago, kojom se oskvrni, znajući ili ne znajući, kriv je.

Ovdje „nečista stvar" duhovno se odnosi na svo neistinito ponašanje koje je protiv istine. Ovakvo ponašanje se odnosi na sve što se vidi, čuje ili kaže kao i na stvari koje osjećaju tijelo i srce. Postoje stvari, prije spoznaje istine, koje mi ne smatramo griješnim. Međutim, nakon što smo došli do istine, mi smo počeli da uzimamo u obzir iste stvari kao što su one koje su neprikladne prema Bogu. Na primjer, kada nismo znali Boga, mi smo prelazili preko nasilja i nekih odvratnih stvari kao što su pornografija ali nismo u tom vremenu razumijeli da su takve stvari nečiste. Međutim, nakon što smo započeli naš život u Hristu, mi smo naučili da su takve stvari protivne istini. Jednom kada razumijemo da smo učinili stvari koje su osuđene kao nečiste kada se mjere protiv istine, mi moramo da se pokajemo i prinesemo Bogu žrtvu krivice.

Međutim, čak i u našem životu u Hristu, postoje vremena

kada ne namjerno vidimo ili čujemo zle stvari. Bilo bi dobro kada bi mogli da zaštitimo naša srca čak i nakon što čujemo takve stvari. Ipak, zato što postoji mogućnost da vjernik neće moći da zaštiti svoje srce već će prihvatiti taj osjećaj koji prati takve nečiste stvari, on mora da se pokaje odmah nakon što prepozna njegov grijeh i prinese Bogu žrtvu krivice.

3) Nakon zaklinjanja

U Levitskom Zakoniku 5:4 čitamo: „Ili kad se ko zakune govoreći svojim ustima da će učiniti šta zlo ili dobro, a za koju god stvar za koju čovjek govori zaklinjući se, znao ili ne znao, kriv je za jednu od tih stvari." Bog nam je zabranio zaklinjanje: „učini zlo ili učini dobro."

Zašto nam je Bog zabranio zaklinjanje ili davanje obećanja ili zavjeta? Prirodno je za Boga da nam zabranjuje da se zaklinjemo da „činimo zlo," ali On nam takođe zabranjuje da se zaklinjemo da „činimo dobro" zato što čovjek ne može 100% da se drži onoga u čemu se zaklinje (Jevanđelje po Mateju 5:12; Jakovljeva Poslanica 5:12). Dok nije postao savršen u istini, srce čovjeka može da se pokoleba u skladu sa sopstvenim koristima i emocijama i ne drži se onoga što je obećao. Šta više, postoje vremena kada se neprijatelj đavo i Sotona miješaju u živote vjernika i spriječavaju ih u ispunjavanju njihovih zavjeta kako bi mogli da stvore osnovu za optuživanje vjernika. Razmotrimo ovaj ekstremni primjer: Pretpostavimo da neko obeća: „Ovo ću uraditi sutra," ali danas iznenada umre. Kako može da održi svoje obećanje?

Iz ovog razloga, jedan ne sme nikada da se zakune da će učiniti zlo i čak iako je obećao da će učiniti dobro, umjesto obećanja, on mora da se moli Bogu i traži snagu. Na primjer, ako je ista osoba obećala da će se moliti bez prestanka, umjesto da obećava; „Ja ću doći na službu večernjih molitva," on bi trebao da se moli: „Bože, molim te pomozi mi da se molim bez prestanka i zaštiti me od miješanja neprijatelja đavola ili Sotone." Ako se neko na brzinu zaklinje, on mora da se pokaje i prinese Bogu žrtvu krivice.

Ako postoji grijeh u bilo kojim okolnostima navedenim gore, osoba: „bude kriva za koju od tih stvari, neka prizna grijeh svoj, i neka dovede na žrtvu Gospodu za grijeh, što je zgriješio, žensko od sitne stoke, jagnje ili jare, za grijeh. I svještenik će ga očistiti od grijeha njegovog" (Levitski Zakonik 5:6).

Ovdje, davanje žrtve krivice je zapovjedano zajedno sa objašnjenjem žrtve krivice. Ovo je zato što za grijehove u kojima moraju biti prineseni žrtve krivice, žrtva grijeha takođe mora biti data. Žrtva grijeha, kao što je ranije objašnjeno, je kajanje pred Bogom nakon griješenja i kompletno okretanje od tog grijeha. Ipak, bilo je objašnjeno da kada grijeh zahtjeva da jedan ne samo okrene svoje srce od griješnih puteva već takođe zahtjeva od njega da preuzme odgovornost, žrtva krivice čini njegovo pokajanje mnogo savršenijim kada plaća za gubitak ili za povredu ili preuzima odgovornost kroz određena djela.

U takvim okolnostima, osoba ne smije samo da da odštetu već takođe mora da prinese Bogu žrtvu krivice praćenu žrtvom grijeha i on takođe mora da se pokaje pred Bogom. Čak iako je osoba učinila nešto protiv druge osobe, pošto je počinio grijeh koji nije trebao kao dijete Boga on takođe mora da se pokaje pred njegovim nebeskim Ocem.

Pretpostavimo da je čovjek prevario svoju sestru i uzeo njenu imovinu koja joj je pripadala. Ako brat poželi da se pokaje, on mora najprije da pokida njegovo srce pred Bogom i odbaci pohlepu i obmanu. On onda mora da dobije oproštaj od njegove sestre prema kojoj je postupio loše. Sada, on ne smije da se izvini samo sa njegovim usnama već mora da da odštetu onoliko koliko je načinjeno njegovoj sestri zbog njegovih djela. Ovde čovječija „žrtva grijeha" je djelo odvraćanja od njegovih griješnih puteva i pokajanje pred Bogom a njegova „žrtva krivice" je djelo pokajanja dok traži oproštaj od njegove sestre i što je vratio i nadoknadio njen gubitak.

U Levitskom Zakoniku 5.6, Bog zapovjeda da u davanju žrtve grijeha koja prati žrtvu krivice, jagnje ili koza treba da budu prineseni. U sledećem stihu, mi čitamo da svako ko ne može da priušti janje ili kozu mora da prinese dvije grlice ili dva mlada goluba kao žrtvu krivice. Imajte na umu da su dvije ptice prinesene. Jedna je data kao žrtva grijeha a druga kao žrtva krivice.

Zašto je Bog zapovjedio da žrtva paljenica treba da bude prinesena u isto vrijeme kad i žrtva grijeha sa dvije grlice ili dva mlada goluba? Žrtva paljenica označava održavanje Sabata svetim. U duhovnom bogosluženju to je žrtva podneta Bogu nedjeljom. Prema tome, ranije je žrtva dvije grlice ili dva mlada goluba kao žrtva grijeha zajedno sa žrtvom paljenicom govorilo da je čovječije pokajanje savršeno u održavanju Gospodnjeg Dana svetim. Savršeno pokajanje ne zahtjeva samo nečije pokajanje u momentu kada razumije da je on zgriješio, već takođe i njegovo priznanje grijehova i pokajanje u Božjem hramu na Gospodnji dan.

Ako je osoba toliko siromašna da ne može da prinese čak ni grlice niti mlade golubove, onda om mora da prinese Bogu desetinu efe (mjera od oko 22 litara, ili 5 galona) mekog brašna kao žrtvu. Žrtva grijeha treba da bude sa životinjama jer je to žrtva oproštaja. Ali, u Njegovoj milosti Bog je dozvolio siromašnima, koji nisu mogli da Njemu prinesu životinju, da prinesu brašno umjesto toga kako bi dobili oproštaj od njihovih grijehova.

Postoji razlika između žrtve grijeha date sa brašnom i žrtva krivice date sa brašnom. Dok se ulje i tamjan dodaju u žrtvu krivice kako bi dale miris i kako bi izgledalo bogatije, ulje i tamjan se ne dodaju u žrtvu grijeha Zašto je ovo tako? Stavljanje u plamen žrtvu pokajanja nosi isti značaj kao i stavljanje u plamen nečiji grijeh.

Činjenica da se ne dodaje ulje niti tamjan u brašno, kada se posmatra sa duhovne strane, to nam govori o stavu koji čovjek mora da ima kada dolazi pred Bogom da se pokaje. 1. Knjiga Kraljevima 21:27 nam govori da kada se kralj Ahav pokajao pred Bogom on je: „pocijepao odjeću i navukao je platno za džak i postio je i ležao je u platnu za džak i potišteno je otišao." Kada neko kida njegovo srce u pokajanju, on će se prirodno ponašati, koristiće svoju samokontrolu i poniziće sebe. On će biti oprezan u onome što izgovara i u načinu na koji sebe vodi i pokazaće Bogu koliko se bori da vodi suzdržan život.

4) Nakon što je zgriješio u svetim stvarima ili je uzrokovao gubitak braće u Hristu

U Levitskom Zakoniku 5:15-16, mi čitamo:

> Ko se prevari, te se ogriješi nehotice o stvari posvećene GOSPODU, neka prinese na žrtvu GOSPODU za prestup svoj ovna zdravog s cijenom, kojom ti procijeniš svetu stvar na sikle srebrne, po siklima svetim, prema prijestupu. I tako koliko se ogriješio o svetu stvar neka naknadi, i na to još neka dometne peti dio, i neka da svješteniku. A svještenik će ga očistiti ovnom prinesenim na žrtvu za prestup, i oprostiće mu se.

„GOSPODNJE svete stvari" se odnose na Božji hram ili na predmete koje su u Božjem hramu. Ne može ni svještenik niti pojedinac koji je prinio žrtvu da uzme, iskoristi ili da samovoljno proda bilo koji predmet koji je odvojen za Boga i da se smatra zbog toga svetim. Šta više, stvari koje moramo čuvati kao svete su ograničene ne samo kao „svete stvari" već se takođe odnose na cio hram. Hram je mjesto koje je Bog postavio i gdje je On postavio Njegovo ime.

Ni jedne svjetske ili neistine riječi ne smiju biti izgovorene u hramu. Vjernici koji su roditelji takođe moraju dobro da nauče svoju djecu da ne trče ili da se igraju; da ne prave buku; prave nered ili stvaraju pometnju ili uništavaju bilo koju svetu stvar u hramu.

Ako su Bože svete stvari slučajno uništene, osoba koja je uništila artikal mora da je zamjeni sa predmetom koji je bolji, mnogo savršeniji ili bez mana. Šta više, povraćaj ne mora da bude u istoj vrijednosti oštećenog predmeta, već „petina toga" treba da bude prinesena kao žrtva krivice. Bog nam je tako zapovjedio da bi nas podsjetio da prihvatljivo činimo i sa samokontrolom. Kada god dođemo u dodir sa svetim stvarima, mi uvek moramo da imamo oprez i uzdržanost kako ne bi zloupotrebili ili oštetili stvari koje su Božje. Ako uništimo nešto zbog naše nepažnje, mi moramo da se pokajemo iz dubine naših srca i nadoknadimo štetu sa većim iznosom nego što su oštećeni predmeti.

Levitski Zakonik 6:2-5 nam govori o načinima na koje pojedinac može da dobije oproštaj od grijehova ako: „zanesavši bližnjeg svog, ili nađe izgubljeno šta, pa udari u bah, ili se krivo zakune za koju god stvar koju može čovek učiniti i ogriješiti se njom," ili „šta je izgubljeno našao, ili za šta se zakleo krivo." Ovo je način kajanja zbog pogriješnih djela počinjenih prije nego što je jedan počeo da vjeruje i kajanje i primanje oproštaja u vlastitom shvatanju da je neprestano zaposjeo tuđe stvari.

Da bi dao pokajanje u takvim grijehovima, pravom vlasniku mora biti vraćen ne samo pravi uzeti predmet već i dodatna „petina" od vrijednosti predmeta. Ovde „petina" ne mora samo da znači da se dio utvrđuje brojkama. To takođe znači da kada jedan pokazuje djela pokajanja, to mora da potiče iz dubina njegovog srca. Onda će mu Bog oprostiti njegove grijehove. Na primjer, postoje vremena kada nisu sva pogriješna djela iz prošlosti pojedinačno izbrojana i precizno otplaćena. U takvim slučajevima, sve što jedan mora da uradi je da pokaže djela pokajanja od tog trenutka pa nadalje. Sa novcem koji je zaradio na poslu ili u poslovanjima, on revnosno može da za Božje kraljevstvo ili da pruži finansijsku pomoć ljudima u nevolji. Kada on izgradi takva djela pokajanja, Bog će prepoznati njegovo srce i oprostiće mu njegove grijehove.

Molim vas da imate na umu da je ovo pokajanje najvažniji dio u žrtvi krivice ili u žrtvi grijeha. Bog ne želi od nas natovljeno tele već duh koji se kaje (Psalmi 51:17). Prema tome, u bogosluženju Bogu, mi moramo da se pokajemo od grijeha i zlih oblika iz dubina naših srca i uberemo odgovarajući plod. Ja se nadam da kao što ćete Bogu prinijeti bogosluženje i žrtvu na način koji Njemu godi i vaš život kao živu žrtvu koja je za Njega prihvatljiv, da ćete uvijek hodati u sredini Njegove preobilne ljubavi i blagoslova.

Poglavlje 8

Predstavite vaše tijelo kao živu i svetu žrtvu

„Molim vas, dakle, braćo, milosti Božije radi, da date tjelesa svoja u žrtvu živu, svetu, ugodnu Bogu; to da bude vaše duhovno bogomoljstvo."

Poslanica Rimljanima 12:1

1. Solomonovih hiljadu žrtava paljenica i blagoslovi

Solomon je preuzeo prijesto u 20. godini. Od njegove mladosti on je bio edukovan u vjeri proroka Natana, volio je Boga i pridržavao se uredbi njegovog oca, kralja Davida. Kada se ustoličio na prijesto, Solomon je prinio Bogu hiljadu žrtva paljenica.

Ni u kom slučaju prinos od hiljadu žrtava paljenica nije lak zadatak. Bilo je mnogo ograničenja u pogledu na mjesto, vrijeme, sadržaja žrtve i kao i metoda koje su postavljene na žrtve u vremenima Starog Zavjeta. Osim toga, za razliku od običnih ljudi, kralj Solomon je tražio šire mjesto pošto je imao mnogo ljudi koji su ga pratili i veći broj žrtava koje su spremali. U 2. Knjizi Dnevnika 1:2-3, kaže se: „I Solomun reče svemu Izrailju, hiljadnicima i stotinicima i sudijama i svim knezovima svega Izrailja, glavarima domova otačkih. Te otidoše, Solomun i sav zbor s njim, na visinu koja bijaše u Gavaonu; jer ondje bijaše šator od sastanka Božjeg, koji načini Mojsije, sluga GOSPODNJI, u pustinji." Solomon je otišao na Gavaon zato što je Božji šator od sastanka, koji je Mojsije izgradio u pustinji, tamo bio.

Sa cijelim skupom, Solomon je otišao pred „GOSPODOM na oltaru bronzanom koji je bio u šatoru od sastanka" i Njemu prinio hiljadu žrtava paljenica. Ranije je objašnjeno da je žrtva paljenica prinos Bogu miris koji potiče od plamena žrtve paljenice i da je to kao prinos života Bogu i označava potpuno žrtvovanje i predanost.

Te noći, Bog se pojavio pred Solomonom i pitao ga: „Išti šta hoćeš da ti dam" (2. Knjiga Dnevnika 1:7). Solomon je odgovorio:

Ti si učinio veliku milost Davidu ocu mom i postavio si mene carem na njegovo mjesto. Neka dakle, GOSPODE Bože, bude tvrda riječ Tvoja, koju si rekao Davidu ocu mom, jer si me postavio carem nad narodom kog ima mnogo kao praha na zemlji. Zato daj mi mudrost i znanje da polazim pred narodom ovim i dolazim, jer ko može suditi narodu Tvom tako velikom? (2. Knjiga Dnevnika 1:8-10).

Solomon nije tražio bogatstvo, veliko poštovanje, život njegovih neprijatelja ili dug život. On je tražio samo mudrost i znanje sa kojim bi vladao dobro nad njegovim narodom. Bog je bio zadovoljan Solomonovim odgovorom i dao je kralju ne samo mudrost i znanje koje je tražio, već takođe i bogatstvo, imućnost i čast, sve ono što kralj nije tražio.

Bog reče Solomonu: „Mudrost i znanje daje ti se. A daću ti i bogatstva i slave, kakve nisu imali carevi prije tebe niti će poslije tebe imati" (stih 12).

Kada mi prinosimo Bogu duhovnu službu bogoslaženja na način koji Njemu ugađa, On će nas zauzvrat blagosloviti tako da u svakom pogledu možemo da napredujemo i budemo dobrog zdravlja kako naša duša napreduje.

2. Od doba šatora do doba hrama

Nakon ujedinjenja njegovog kraljevstva i nakon što se nastanila stabilnost, postojala je jedna stvar koja je mučila srce kralja Davida, oca Solomona: Božji hram još uvijek nije bio izgrađen. David je bio užasnut da je Kovčeg Božji u šatoru bio pod zavjesama dok je on odsjedao na mjestu napravljenom od kedra i riješio je da napravi hram. Ipak, Bog ovo nije dozvolio, zato što je David prolio mnogo krvi u borbi i zbog toga nje bio podoban da izgradi sveti hram Božji.

Ali mi dođe riječ GOSPODNJA govoreći: „Mnogo si krvi prolio i velike si ratove vodio; nećeš ti sazidati dom imenu Mom, jer si mnogo krvi prolio na zemlju preda Mnom" (1. Knjiga Dnevnika 22:8).

Ali Bog mi reče: „Nećeš sazidati dom imenu Mom, jer si ratnik i krv si prolivao" (1. Knjiga Dnevnika 28:3).

Pošto kralj David nije mogao da ispuni njegov san o izgradnji Hrama, u znak zahvalnosti on se ipak povinovao Božjoj Riječi. On je takođe pripremio zlato, srebro, bronzu, dragocijeno kamenje i drveće kedra; sve potrebne materijale kako bi sledeći kralj, njegov sin Solomon, mogao da izgradi Hram.

U njegovoj četvrtoj godini na prijestolu, Solomon je obećao da će podržati Njegovu volju i izgraditi Hram. On je započeo projekat izgradnje na gori Morija u Jerusalimu i završio ga za sedam godina. Četiri stotine i osamdeset godina kasnije nakon što su ljudi Izraela napustili Egipat, Božji Hram je bio završen. Solomon je Kovčeg svjedočenja (Kovčeg zavjeta) i sve druge svete stvari donio u Hram.

Kada su svještenici doneli Kovčeg svjedočenja u svetinju nad svetinjama, Božja slava je ispunila dom: „te ne mogahu svještenici stajati da služe od oblaka; jer se slave GOSPODNJE napuni dom GOSPODNJI" (1. Knjiga Kraljevima 8:11). Tako je okončano doba šatora i započelo je doba Hrama.

U njegovoj molitvi da prinosi Hram Bogu, Solomon preklinje Njega da On oprosti Njegovom narodu kada su se okrenuli ka Hramu u iskrenoj molitvi čak i nakon što su ih nevolje zadesile zbog njihovih grijehova.

Čuj molbu sluge Svog i naroda svog Izrailja, kojom će se moliti na ovom mjestu; čuj s mjesta gdje stanuješ, s neba, čuj, i smiluj se (1. Knjiga Kraljevima 8:30).

Kako je kralj Solomon bio veoma svjestan da je izgradnja Hrama i ugađala Bogu i bila blagoslov, on je zbog toga preklinjao Boga za njegov narod. Nakon što je čuo kraljevu molitvu, Bog je odgovorio:

Uslišio sam molbu tvoju i molitvu tvoju, kojom si Mi se molio; osvetio sam taj dom koji si sazidao da tu namjestim ime Svoje do vijeka; i oči će Moje i srce Moje biti onde vazda (1.

Knjiga Kraljevima 9:3).

Prema tome, kada neko danas bogosluži Bogu svim svojim srcem, mislima i u najvećoj iskrenosti u svetom hramu u kojem Bog boravi, Bog će ga sresti i odgovoriće na želje njegovog srca.

3. Tjelesno bogosluženje i duhovno bogosluženje

Iz Biblije mi znamo da postoje vrste bogosluženja koje Bog ne prihvata. U zavisnosti od srca sa kojim je bogosluženje prineseno, postoje duhovne službe bogosluženja koje Bog prihvata i tjelesne službe bogosluženja koje On odbija.

Adam i Eva su bili izbačeni iz Edemskog vrta zato što su pratili svoju neposlušnost. U Postanku 4 mi čitamo o njihovim sinovima. Njihov stariji sin je bio Kain a mlađi Avelj. Kada su ostarili, Kain i Avelj su pojedinačno dali prinos Bogu. Kain je uzgajao i dao: „prinos od roda zemaljskog" (stih 3) dok je Avelj prinio: „od prvina stada svog i od njihove pretiline" (stih 4). Bog zauzvrat: „pogleda na Avelja i na njegov prinos; a na Kajina i na njegov prinos ne pogleda" (stihovi 4-5).

Zašto Bog nije prihvatio Kainovu žrtvu? U Poslanici Jevrejima 9:22, mi nailazimo da žrtva prinesena Bogu mora biti žrtva od krvi koja može oprostiti grijehove u skladu sa zakonom duhovnog kraljevstva. Iz tog razloga, životinje kao što su bikovi ili janjad su dati kao žrtve u vremenima Starog Zavjeta, dok Isus, Janje Božje, je postao žrtva pokajanja dok je prolivao Njegovu krv u vremenima Novog Zavjeta.

Poslanica Jevrejima 11:4 nam govori: „Vjerom prinese Avelj Bogu veću žrtvu nego Kain, kroz koju dobi svjedočanstvo da je pravednik, kad Bog posvjedoči za dare njegove; i kroz nju on mrtav još govori." Drugim riječima, Bog je prihvatio žrtvu Avelja zato što je od prinio žrtvu od krvi u skladu sa Njegovom voljom, ali je odbio žrtvu Kaina koja nije bila prinesena uz skladu sa Njegovom voljom.

U Levitskom Zakoniku 10:1-2, mi čitamo o Nadavu i Ajivudu koji: „prinesoše pred GOSPODOM oganj tuđ, a to im ne bijaše zapovjedio" a zatim ih zahvatio „oganj od GOSPODA i udari ih." Mi takođe čitamo u 1. Samuilovoj 13 kao Bog zaboravlja kralja Saula nakon što je kralj počinio grijeh dok je izvodio dužnost proroka Samuila. Prije bliske bitke sa Filistejcima, kralj Saul je dao žrtvu Bogu kada se prorok Samuilo nije pojavio u određenom broju dana. Kada je Samuilo stigao, nakon što je Saul prinio žrtvu, Saul je napravio izgovor da je učinio šta je morao da učini zato što su se ljudi razbežali od njega. U odgovoru, Samuilo je prekorio Saula: „Ludo si radio" i rekao kralju da ga je Bog napustio.

U Malahiji 1:6-10, Bog prekorava djecu Izraela zato što nisu dali Bogu najbolje od onoga što su mogli da prinesu, već su žrtvovali stvari koje su njima beskorisne. Bog dodaje da On neće prihvatiti vrstu bogosluženja koja možda prati vjersku formalnost već nedostatak srca ljudi. U današnjem izražavanju, to znači da Bog neće prihvatiti tjelesnu službu bogosluženja.

Jevanđelje po Jovanu 4:23-24 nam govori da Bog rado

prihvata duhovnu službu bogoslaženja koju Njemu ljudi prinose u duhu i istini i blagoslovi ljudi u u njihovom ispunjavanju pravde, milosti i vjernosti. U Jevanđelju po Mateju 15:7-9 i u 23:13-18, nama je rečeno da je Isus u velikoj mjeri prekorio Fariseje i pisare Njegovog vremena koji su se strogo pridržavali tradicije ljudi ali čija srca nisu bogoslužila Bogu u istini. Bog ne prihvata bogosluženje koje ljudi prinose svojevoljno.

Bogosluženje mora biti prineseno u skladu sa principima koje je Bog utvrdio. Tako se hrišćanstvo jasno razlikuje od drugih religija čije držanje stvara bogosluženje da bi se podmirile njihove potrebe i koje prinose bogosluženje na način koji njima prija. Sa jedne strane, tjelesno bogosluženje je beznačajna služba bogosluženja gdje pojedinac jedva dolazi u hram i učestvuje u službama bogosluženja. Sa druge strane, duhovno bogosluženje je djelo divljenja iz dubina srca i učestvovanje u službama bogosluženja u duhu i istini od strane Božje djece koji vole njihovog nebeskog Oca. Kao takvo, čak iako dvoje ljudi prinose službu bogosluženja u isto vrijeme i na istom mjestu, u zavisnosti od srca svakog pojedinca, Bog će možda prihvatiti bogosluženje jedne osobe dok će službu bogosluženja druge osobe odbiti. Čak i ako ljudi dođu u hram i bogosluže Bogu, to neće biti od nikakve koristi ako Bog kaže: „Ja nisam prihvatio tvoje bogosluženje."

4. Predstavite vaše tijelo kao živu i svetu žrtvu

Ako je svrha našeg postojanja da veličamo Boga, onda bogosluženje mora biti u središtu naših života i mi moramo da živimo u svakom trenutku sa stavom da Njemu bogoslužimo. Živa i sveta žrtva koju Bog prihvata, bogosluženje u duhu i istini, ne ispunjava se prisustvovanjem nedjeljnim službama jednom nedjeljno dok proizvoljno živimo u skladu sa ličnim potrebama i željama od ponedeljka pa sve do nedjelje. Mi smo pozvani da bogoslužimo Bogu u svim vremenima i na svim mjestima.

Odlazak u crkvu da bi bogoslužili je produžetak života u bogosluženju. Pošto svako bogosluženje odvojeno od nečijeg života nije iskreno bogosluženje, život vjernika kao cjelina mora da bude život u duhovnoj službi bogosluženja prinesen Bogu. Mi ne možemo samo ponuditi lijepu službu bogosluženja a hramu u skladu sa prikladnim procedurama i značenjem, već mi moramo takođe i da vodimo svijet i čist život pokoravajući se Božjim uredbama u našem svakodnevnom životu.

Poslanica Rimljanima 12:1 nam govori: „Molim vas, dakle, braćo, milosti Božje radi, da date tjelesa svoja u žrtvu živu, svetu, ugodnu Bogu; to da bude vaše duhovno bogomoljstvo." Baš kao što je Isus spasio cijelo čovječanstvo dok je prinio Njegovo tijelo kao žrtvu, Bog želi da mi takođe predstavimo naša tijela kao živu i svetu žrtvu.

Kao dodatak vidljive zgrade Hrama, pošto Sveti Duh, koji je jedno sa Bogom, boravi u nama, svako od nas takođe mora da postane Božji hram (1. Korinćanima Poslanica 6:19-20). Mi moramo sebe da obnavljamo svaki dan u istini i čuvamo sebe da bi bili sveti. Kada Riječ, molitva i hvalospjev obiluju u našim srcima i kada mi radimo sve sa srcem koje bogosluži Bogu, mi ćemo dati naša tijela kao živu i svetu žrtvu sa kojima je Bog zadovoljan.

Prije nego što sam sreo Boga, ja sam bio pogođen bolestima. Proveo sam mnogo dana u bezizlaznom očaju. Nakon što sam bolestan ležao u krevetu sedam godina, ostavljen sam u velikim dugovima za bolničke troškove i lekove. Bio sam u siromaštvu. Ipak, sve se promjenilo kada sam jednom sreo Boga. On me je odmah iscijelio od svih mojih bolesti i ja sam započeo novi život.

Preplavljen Njegovom milošću, ja sam počeo da volim Boga iznad svega. Na Gospodnji dan, probudio sam se u zoru, pobrinuo da se okupam i obukao svježe očišćeno donje rublje. Iako sam nosio par čarapa samo na kratko u subotu, nikada nisam isti par nosio sledećeg dana. Takođe sam obukao najčistiju i najurednju odjeću.

Ovo ne znači da vjernici moraju da budu moderni po spoljašnosti kada idu da bogosluže. Ako vjernik iskreno vjeruje i voli Boga, sasvim je prirodno da će napraviti najveće pripreme kada dolazi pred Njim da bi ga veličao. Čak iako nečije okolnosti ne dozvoljavaju nekome određenu odjeću, svako može da pripremi odjeću i izgled najbolje što može.

Ja sam se uvijek trudio da prinesem sa novim novčanicama; kada god sam naišao na nove, papirne novčanice i odvajao sam ih za prinose. Čak i u hitnim slučajevima, ja nisam dirao novac koji sam izdvajao za prinose. Mi znamo da je čak i u vremenima

Starog Zavjeta, dok su postojali različiti nivoi u zavisnosti sa okolnostima svake osobe, svaki vjernik pripremao žrtvu kada je trebao da ide pred svještenika. O ovome Bog nas otvoreno uči u Izlasku 34:20: „Da se niko ne pokaže prazan preda Mnom."

Kao što sam naučio od obnovitelja, gledao sam da uvijek imam prinos bilo da je mali ili veliki za svaku službu bogosluženja. Iako je vraćanje kamate na dug jedva moglo da pokrije prinos koje smo ja i moja žena zaradili, ni jednom nismo dali nevoljno niti smo žalili nakon što smo davali prinose. Kako smo mogli i da žalimo kada su naši prinosi bili u namjeri da se spasu duše za Božje kraljevstvo i u ispunjenju Njegove pravednosti?

Nakon što je vidio našu posvećenost, u vremenu Njegovog odabira Bog nas je blagoslovio da isplatimo velike dugove. Ja sam počeo da se molim Bogu da me učini dobrim vođom koji bi mogao da obezbjedi finansijsku pomoć siromašnima i koji će voditi brigu o siročićima, udovicama i bolesnima. Ipak, Bog me je neočekivano pozvao da postanem svještenik i usmjeravao me da vodim ogromnu crkvu koja spašava brojne duše. Dok nisam postao starješina, bio sam u stanju da obezbjedim olakšanje velikom broju ljudi i data mi je Božja moć sa kojom mogu da iscjelim bolesne, što su oba mnogo više od onoga za šta sam se molio.

5. „Sve dok Hrist nije oblikovan u vama"

Baš kao što se roditelji značajno dobrovoljno i do krajnjih granica trude u negovanju njihove djece nakon što su ih izrodili, mnogo truda, upornosti i žrtvovanja je potrebno da bi se preuzela odgovornost u vođenju svake duše ka istini. Na ovo, apostol Pavle priznaje u Poslanici Galaćanima 4:19: „Dječice Moja, koju opet s mukom rađam, dokle Hristovo obličje ne postane u vama."

Kao što znam da srce Boga koji smatra da je jedna duša dragocjenija od bilo čega u univerzumu i koji želi da vidi da svi ljudi dostignu spasenje, ja takođe ulažem sav svoj napor da povedem čak i poslednju dušu na put spasenja i ka Novom Jerusalimu. U nastojanju da članovi crkve dostignu nivo vjere : „jedinstvo vjere i poznanje Sina Božjeg, u čovjeka savršenog, u mjeru rasta visine Hristove," (Efežanima Poslanica 4.13) ja sam se molio i pripremao poruke u svakom momentu i prilici koju sam mogao da pronađem. Iako su postojala vremena gdje sam mnogo želio da sednem zajedno sa članovima crkve u radosnom razgovoru, kao odgovoran pastir u vođstvu njegovog stada na pravi način, ja sam vježbao samokontrolu u svemu i iznosio sam dužnosti koje mi je Bog davao.

Postoje dvije želje koje imam za svakog vjernika. Prva, ja bih volio veoma mnogo za mnoge vjernike da ne dobiju samo približno spasenje, već da borave u Novom Jerusalimu, na najveličanstvenijem mjestu na nebesima. Drugo, mnogo bih volio za sve vjernike da izbjegnu siromaštvo i vode život u prosperitetu. Kako crkva podleže oživljavanju i povećava se po broju ljudi kojima je obezbeđeno finansijsko olakšanje, iscjeljenja takođe narastaju. Po svjetovnim terminima, nije lak zadatak imati na umu potrebe i djela u skladu sa potrebama svakoga člana crkve.

Ja osjećam ogroman teret kada vjernici počine grijehove. To je zato što ja znam da kada vjernik zgriješi on udaljava sebe mnogo dalje od Novog Jerusalima. U ekstremnim slučajevima on će možda shvatiti da više čak i ne može da primi spasenje. Vjernik može da dobije odgovore i duhovno ili fizičko iscjeljenje samo nakon što uništi zid grijeha koji je između njega i Boga. Dok sam se povezivao sa Bogom u ime vjernika koji su zgriješili, ja nisam mogao da spavam, borio sam se sa stresom, prolivao suze i gubio sam energiju neizrecive vrijednosti i izgradio sam brojne sate i dane u postu i sa molitvama.

Nakon što je prihvatio ove prinose ne jednom već mnogo puta, Bog je pokazao Njegovu milost ljudima, čak i nekima koji ranije nisu bili vrijedni spasenja, dao im je duh pokajanja kako bi mogli da se pokaju i dobiju spasenje. Bog je takođe proširio vrata spasenja kako bi mnogi ljudi širom svijeta mogli da čuju jevanđelje svetosti i prigrle manifestovanje Njegove moći.

Kada god vidim da mnogi vjernici rastu u prelijepoj istini, to je najveća nagrada za mene kao pastora. Na iste načine nevin Gospod je žrtvovao Sebe kao mirisnu aromu Bogu (Poslanica Efežanima 5:2), ja takođe koračam naprijed da bih prinio svaki dio mog života kao živa i sveta žrtva Bogu za Njegovo kraljevstvo i za duše.

Kada djeca poštuju svoje roditelje na dan žena ili na dan očeva

(„dan roditelja" u Koreji i pokažu znak zahvalnosti, roditelji ne mogu biti srećniji. Iako ti znakovi pažnje nisu po ukusu roditelja, roditelji su više nego zadovoljni jer je ta pažnja od njihove djece. Na isti način, kada Njegova djeca prinose Njemu bogosluženje koje su pripremili sa njihovim najvećim stepenom i naporom u njihovoj ljubavi za njihovog nebeskog Oca, On je oduševljen i blagosilja ih.

Naravno, ni jedan vijernik ne treba da živi proizvoljno za vrijeme nedjelje i pokaže svoju predanost samo nedjeljom! Baš kao što nam Isusa govori u Jevanđelju po Luki 10:27, svaki vjernik mora da voli Boga svim svojim srcem, dušom, snagom i mislima i prinese sebe kao živu i svetu žrtvu u svakom danu njegovog života. Bogosluženjem Bogu u duhu i istini i žrtvovanjem Njemu mirisnu aromu vašeg srca, neka svaki čitalac obilno uživa u svim blagoslovima koje je Bog pripremio za njega.

O autoru
Dr. Jaerock Lee

Dr. Džerok Li je rođen u Muanu, Džeonam provinciji, Republika Koreja, 1943. godine. U svojim dvadesetim, Dr. Li je sedam godina patio od mnoštva neizlečivih bolesti i iščekivao smrt bez nade za oporavak. Jednog dana u proljeće 1974. god, njegova sestra ga je odvela u crkvu i kad je kleknuo da se pomoli, Živi Bog ga je momentalno izliječio od svih bolesti.

Od trenutka kad je Dr. Li sreo živog Boga kroz to divno iskustvo, on je zavolio Boga svim svojim srcem i iskrenošću, a u 1978. god., je pozvan da bude sluga Božji. Molio se revnosno uz nebrojene molitve u postu kako bi mogao jasno da razumije volju Božju, u potpunosti je ispuni i posluša Riječ Božju. Godine1982. je osnovao Manmin centralnu crkvu u Seulu, Koreja i bezbrojna djela Božja uključujući čudesna iscijeljenja, znaci i čuda se dešavaju u njegovoj crkvi.

U 1986. god. Dr. Li je zaređen za pastora na godišnjem Zasjedanju Isusove Sungkjul crkve Koreje, i četiri godine kasnije u 1990.god. njegove propovijedi su počele da se emituju u Australiji, Rusiji, na Filipinima. U kratkom vremenskom periodu i mnogim drugim zemljama je bio dostupan preko Radio difuzne kompanije Daleki Istok, Azija radio difuzne kompanije i Vašingtonskog hrišćanskog radio sistema.

Tri godine kasnije, 1993.god., Manmin centralna crkva je izabrana za jednu od "Svjetskih top 50 crkava" od strane magazina Hrišćanski svijet (Christian World) (SAD), a on je primio počasni doktorat bogoslovlja od Koledža hrišćanske vjere, Florida, SAD i 1996.god. iz Službe od Kingsvej teološke bogoslovije, Ajova, SAD.

Od 1993.god., dr. Li prednjači u svjetskoj evangelizaciji kroz mnogo inostranih pohoda u Tanzaniji, Argentini, Los Anđelesu, Baltimoru, Havajima i Nju Jorku u Sjedinjenim Američkim Državama, Ugandi, Japanu, Pakistanu, Keniji, Filipinima, Hondurasu, Indiji, Rusiji, Njemačkoj, Peruu, Demokratskoj Republici Kongo, Izraelu i Estoniji.

U 2002-oj godini bio je priznat od strane glavnih hrišćanskih novina kao „svjetski obnovitelj" zbog svojih moćnih službovanja u mnogim prekomorskim pohodima. Naročito njegov „Pohod u Njujork 2006. god." održan u Medison skver gardenu

(Madison Square Garden), najpoznatijoj areni na svijetu. Događaj je emitovan za 220 nacije a na njegovom „Ujedinjenom pohodu u Izrael 2009. god." održanom i Međunarodnom konvencionalnom centru (International Convention Center (ICC)) u Jerusalimu on je hrabro izjavio da je Isus Mesija i Spasitelj.

Njegove propovijedi emitovane su za 176 nacija putem satelita uključujući GCN TV i bio je svrstan kao jedan od „Top 10 najuticajnijih hrišćanskih vođa" 2009-e i 2010-e godine od strane popularnog Ruskog hrišćanskog časopisa U pobjedu (In Victory) i novinske agencije Hrišćanski telegraf (Christian Telegraph) za njegovu moćnu svješteničku službu TV emitovanja i njegove inostrane crkveno pastorske službe.

Od Septembra 2013.god., Manmin Centralna Crkva ima zajednicu od preko 120.000 članova. Postoji 10 000 ogranaka crkve širom planete uključujući 56 domaćih ogranaka crkve i do sad više od 129 misionara su opunomoćena u 23 zemlje, uključujući Sjedinjene Države, Rusiju, Njemačku, Kanadu, Japan, Kinu, Francusku, Indiju, Keniju i mnoge druge.

Do datuma ovog izdanja Dr. Li je napisao 85 knjige, uključujući bestselere: Probanje vječnog života prije smrti, Moj život, moja vjera I i II, Poruka sa krsta, Mjera vjere, Raj I& II, Pakao, i Moć Božja. Njegove knjige su prevedene na više od 75 jezika.

Njegove Hrišćanski rubrike se pojavljuju u Hankok Ilbo, JongAng dnevniku, Dong-A Ilbo, Munhva Ilbo, Seul Šinmunu, Kjunghjang Šinmun, Korejski ekonomski dnevnik, Koreja glasnik, Šisa vijesti, i Hrišćanskoj štampi.

Dr. Li je trenutno na čelu mnogih misionarskih organizacija i udruženja U tu poziciju spadaju: Predsjedavajući, Ujedinjene svete crkve Isusa Hrista; predsjednik, Manmin svjetska misija; stalni predsjednik, Udruženje svijetske hrišćanske preporodne službe; osnivač i predsjednik odbora, Globalna hrišćanska mreža (GCN); osnivač i član odbora, Mreža svjetskih hrišćanskih lekara (WCDN); i osnivač i član odbora, Manmin internacionalna bogoslovija (MIS).

Druge značajne knjige istog autora

Raj I & II

Detaljna skica predivne životne okoline u kojoj rajski stanovnici uživaju i preljepi opisi različitih nivoa nebeskih kraljevstva.

Poruka sa Krsta

Moćna probuđujuća poruka za sve ljude koji su duhovno uspavani! U ovoj knjizi naći ćete razlog da je Isus jedini Spasitelj i iskrenu ljubav Božju.

Pakao

Iskrena poruka cijelom čovječanstvu od Boga, koji želi da čak ni jedna duša ne padne u dubine Pakla! Otkrićete nikad do sad otkriveni iskaz o okrutnoj stvarnosti Nižeg Hada i Pakla.

Duh, Duša i Tijelo I & II

Vodič koji nam daje duhovno objašnjenje duha, duše i tijela i pomaže nam da pronađemo kakvog „sebe" smo mi načinili da bi mogli da dobijemo moć da pobjedimo mrak i postanemo duhovna osoba.

Mjera Vjere

Kakvo mjesto stanovanja, kruna i nagrade su spremne za vas u Raju? Ova knjiga obezbjeđuje mudrost i smjernice za vas da izmjerite vašu vjeru i gajite najbolju i najzreliju vjeru.

Probuđeni Izrael

Zašto Bog upire Svoje oči na Izrael od početka svijeta pa do današnjeg dana? Kakvo Njegovo providenje je spremljeno za Izrael u poslijednjim danima, koji očekuje Mesiju?

Moj život, Moja Vjera I & II

Najmirisnija duhovna aroma izvučena iz života koji je cvjetao sa neuporedivom ljubavlju za Boga, u sred crnih talasa, hladnih okova i najdubljeg očaja

Moć Božja

Obavezno-pročitati, koja služi kao suštinski vodič po kojem čovjek može posjedovati pravu vjeru i iskusiti čudesnu moć Božju.

www.urimbooks.com

www.ingramcontent.com/pod-product-compliance
Lightning Source LLC
LaVergne TN
LVHW021826060526
838201LV00058B/3525